撑竿跳高
初级训练指导

秦 霞 / 著

武汉理工大学出版社
·武汉·

图书在版编目（CIP）数据

撑竿跳高初级训练指导 / 秦霞著. -- 武汉：武汉理工大学出版社, 2024. 7. -- ISBN 978-7-5629-7164-1

Ⅰ. G823.22

中国国家版本馆CIP数据核字第2024PP9113号

责任编辑：严　曾
责任校对：尹珊珊　　　　排　版：米　乐
出版发行：武汉理工大学出版社
社　　址：武汉市洪山区珞狮路122号
邮　　编：430070
网　　址：http://www.wutp.com.cn
经　　销：各地新华书店
印　　刷：北京亚吉飞数码科技有限公司
开　　本：710×1000　1/16
印　　张：11.75
字　　数：182千字
版　　次：2025年3月第1版
印　　次：2025年3月第1次印刷
定　　价：76.00元

凡购本书，如有缺页、倒页、脱页等印装质量问题，请向出版社发行部调换。
本社购书热线电话：027-87391631　87664138　87523148

·版权所有，盗版必究·

自　序

撑竿跳高是一项难度大、专业性强的田径运动项目。近年来，国内竞技体育水平整体有了大幅度的提高，训练和比赛更加紧密结合，训练方法呈多样化、强度大、专项素质和专项技术紧密结合的特点。在理论发展方面，关于优秀撑竿跳高运动员的助跑速度研究、起跳角度研究、中外运动员最后六步助跑速度比较研究，撑竿跳高的专项力量、核心力量、国内优秀撑竿跳高运动员赛前训练、训练方法等研究较多，多以论文和期刊形式出现。对于撑竿跳高运动员和初级训练者来说，可供参考和借鉴的全面、系统、符合现代撑竿跳高发展特征的书籍少之又少。此外，关于一些基本的技术问题和训练过程中出现的问题，还需要进一步深入研究。

作为一名退役多年的撑竿跳高运动员，深知在运动时运动员会经历撑竿跳高的各种危险瞬间，深知在初学撑竿跳高这个运动项目时，为减少伤害务必遵循一些技术规范的重要性。本书结合本人过去撑竿跳高专业训练和比赛的经历，在理论与实践相结合的基础上，对撑竿跳高的理论与实践进行了归纳与总结。该书对于初级阶段运动员掌握从持竿助跑到起跳弯竿，再到摆体伸展过竿等逐个环节的过渡及技术要领方面，具有重要的参考意义，有助于运动员掌握撑竿跳高的完整技术。

撑竿跳高涉及诸多技术环节，各个环节之间都有一些相关性。为了降低危害的发生概率，提高练习者的兴趣，本书对各个环节的技术问题作了梳理总结以及经验分享，旨在为撑竿跳高的训练和教学提供一定的规范化参考与指导。希望撑竿跳高这个运动项目能够更好地普及开来，也希望能够涌现出更多的进军世界赛场的人才。同时，希望这个彰显体育精神，相较于其他项目来说更富有观赏价值的运动能够吸引更多人参与进来。

　　本书是在我国现有理论研究基础上，结合现代训练方法，收集国内外撑竿跳高的资料（包括美国部分撑竿跳高方面的书籍、跳跃类书籍等）综合整理、归纳，经过专业角度甄别分析撰写而成。书中真实记录了近些年世界优秀运动员比赛时的瞬间，让我们更清晰地看到了撑竿跳高这个项目的技术细节，能够帮助撑竿跳高运动员及爱好者更加准确地学习一些先进的技术。在本书撰写的过程中也常常遇到一些技术问题，为此，本书作者请教了本项目的国内知名教练和优秀运动员，通过走访、实地观看比赛与电话咨询、访谈等方式对国内优秀运动员常用的训练方法、出现的问题，解决策略等相关技术问题作了详尽的记录、总结和归纳。最后，希望此书能够为撑竿跳高教练员、运动员和爱好者提供科学的技术解析，也希望无论你的撑竿跳高技术是在哪一个层级水平，你都能够从本书的阅读中获益。

秦霞　于北京
2024年3月20日

目 录

第一章　撑竿跳高概述　　1

第一节　撑竿跳高的历史发展　　2
第二节　我国撑竿跳高的理论和运动水平发展历史　　10
第三节　撑竿跳高运动员的选拔　　24

第二章　撑竿跳高专项技术　　29

第一节　选择竿子　　30
第二节　持竿　　33
第三节　助跑技术　　38
第四节　插竿起跳技术　　43
第五节　悬垂与摆体技术　　49
第六节　摆体伸展与转体技术　　54
第七节　过竿与落地技术　　63

第三章　教练员教学指导与技巧　　67

第一节　专项技术训练过程中的教学技能　　69
第二节　教练员与运动员互动　　76
第三节　持竿助跑教学与助跑力学分析　　80

第四章　成为优秀撑竿跳高运动员　　　　　　　　**85**

  第一节　理论是提高运动水平的基础　　　　　　87
  第二节　中外运动员技术水平的比较　　　　　　90

第五章　中外撑竿跳高运动水平的发展趋势　　　　**93**

  第一节　撑竿跳高项目的特征分析　　　　　　　94
  第二节　力量训练的趋势与方法　　　　　　　　99
  第三节　优秀撑竿跳高运动员身体素质训练方法　102

第六章　撑竿跳高训练方法　　　　　　　　　　　**105**

  第一节　制订科学的训练计划　　　　　　　　　106
  第二节　撑竿跳高专项速度训练重点与应用　　　107
  第三节　专项技术悬垂摆体阶段的训练方法　　　112
  第四节　撑竿跳高力量训练　　　　　　　　　　117
  第五节　柔韧性训练　　　　　　　　　　　　　134

第七章　撑竿跳高训练年度计划方法范例　　　　　**143**

  第一节　撑竿跳高冬季周期训练计划范例　　　　146
  第二节　撑竿跳高夏季周期训练计划范例　　　　150

第八章　撑竿跳高比赛注意的问题　　　　　　　　**155**

  第一节　做好比赛前准备工作　　　　　　　　　156
  第二节　运动员在比赛中心理素质的培养　　　　158

第三节　充分适应比赛状态　　　　　　　　　163
　　第四节　撑竿跳高比赛裁判的主要职责　　　　167

参考文献　　　　　　　　　　　　　　　　　　172

后记　　　　　　　　　　　　　　　　　　　　174

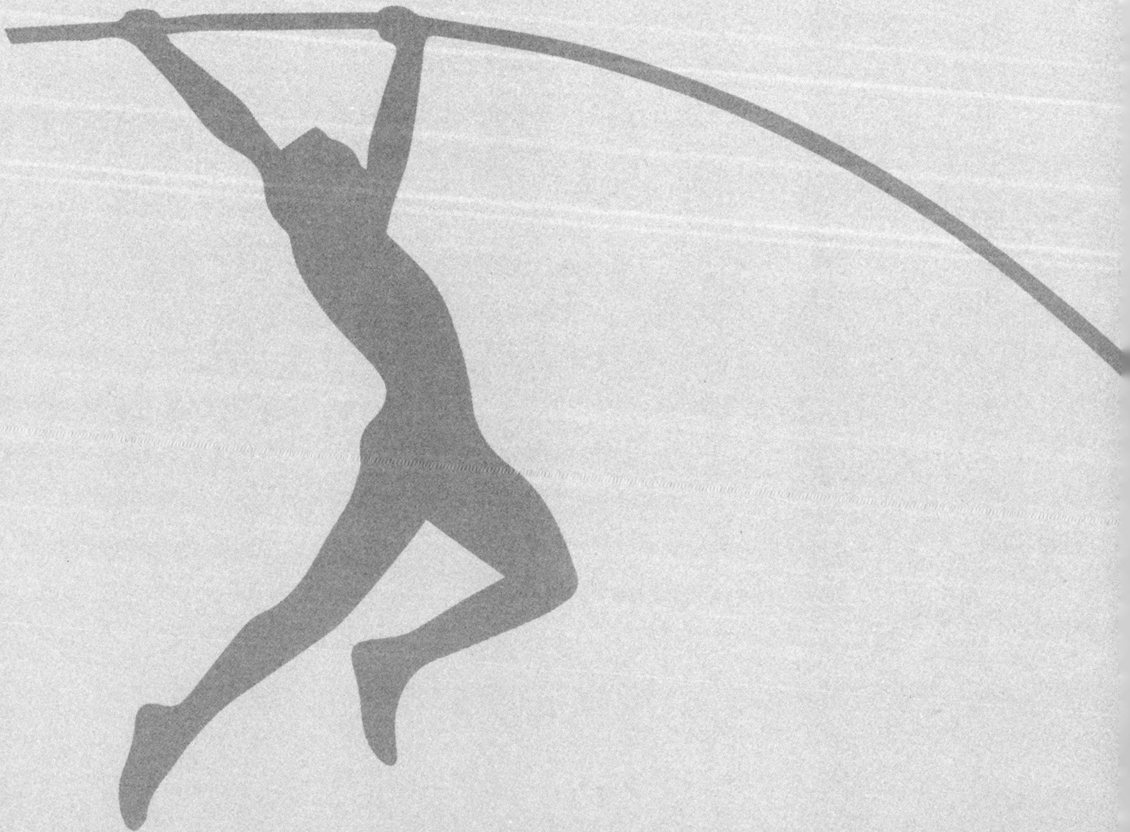

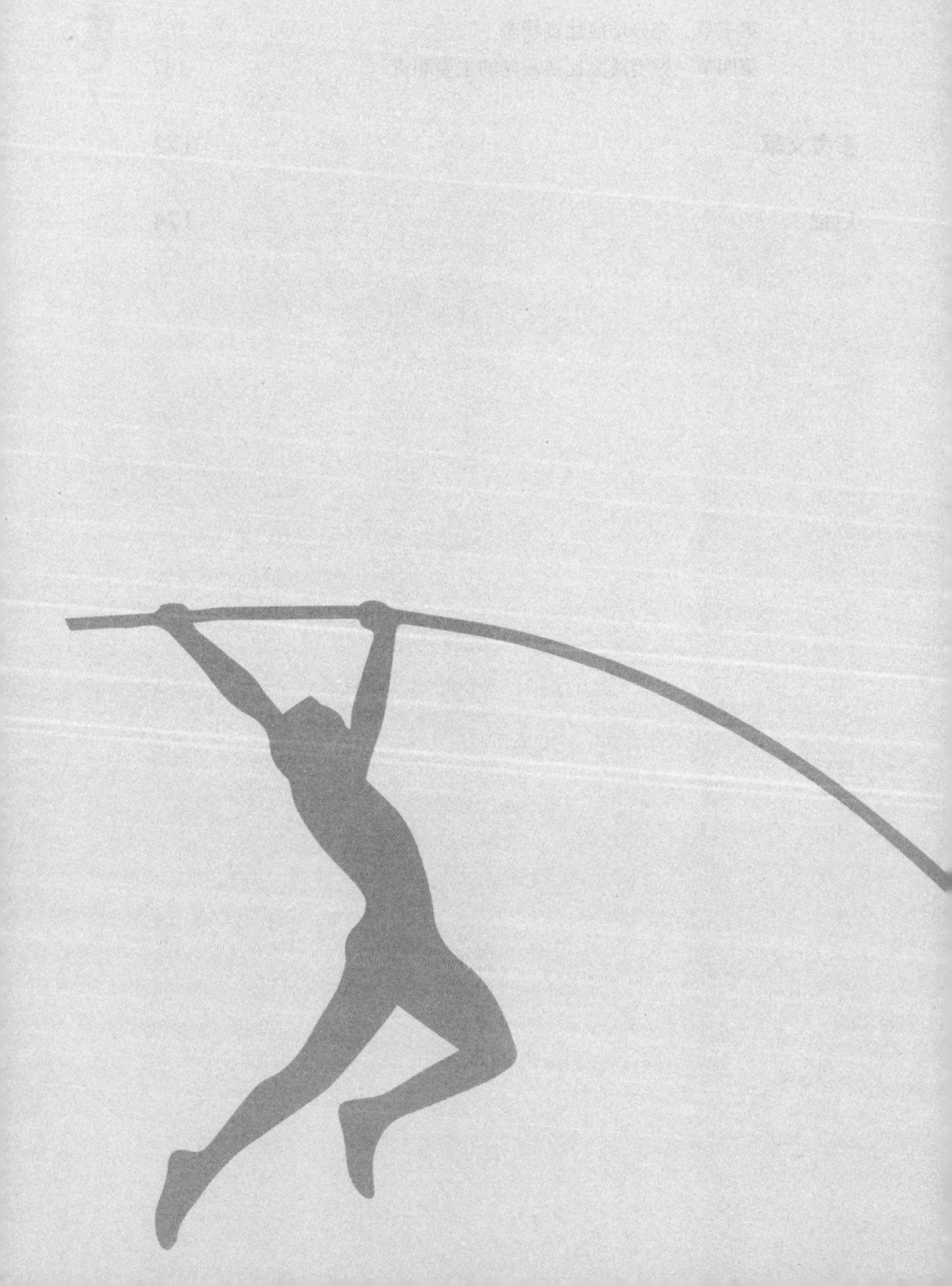

第一章 撑竿跳高概述

第一节　撑竿跳高的历史发展

撑竿跳高起源于古代。在古代，人们为了适应生活和生产的需要，在交通设备极不完善的条件下，利用木棍、长矛撑越流溪、河渠、壕沟、草垛等障碍。后来在军队中用撑竿跳过战壕、矮墙等，以此作为训练士兵战斗技能的手段。18世纪中叶，德国学校体育教材中出现了撑竿跳高的内容，到了19世纪，欧洲有些国家开展了撑竿跳高的比赛。

撑竿跳高第一次作为体育竞赛项目出现是在100多年前。1866年，英国人惠勒尔在英国举行的撑竿跳高比赛中，以3.05米的成绩取得冠军。那时使用的撑竿是木质的，下面有一个长8厘米的叉座，比赛是在长满了青草的谷地上进行的，既没有插斗，也没有沙坑，就落在草地上。由于有叉座，木竿竖直时可以稳住，然后往上爬，过竿姿势就像坐着一样，然后越过横杆。这个爬竿技术一直持续到1890年才禁止。自1896年第一届奥运会以来，几乎每一届运动会撑竿跳高的运动水平都有所突破，这跟撑竿使用的竿子不断革新有很大的关系。

1906年人们开始使用竹竿，同时出现钟摆技术，这是撑竿跳高技术的重大变革，成绩达到了3.78米。1910年，美国运动员第一个越过了4米的高度，1912年世界确立了第一个世界纪录——4.02米，1920年美国运动员以4.09米创造了新的世界纪录。1924年，国际业余田径联合会正式同意使用插斗，从此以后，撑竿跳高技术已经具备现代技术的特点——快速助跑，握竿高度比较高，助跑最后三步直接插穴。20世纪30年代已有运动员开始使用弯曲性能大的竹竿，这时更加接近现代技术。1942年撑竿成绩达到4.77米，已经达到了竹竿登峰造极的程度。竹竿虽然重量较轻，有一定的弹性，但是握竿点到了4米以上时容易折断。使用竹竿的时代大概持续了50年之久。

1952年以后，开始出现金属竿，技术又有了一定的改进，握竿点再次提高，钟摆时间延长，整个撑竿跳高技术节奏有了新的变化。1957年首次用金属竿跳出4.78米的成绩打破了竹竿纪录。使用金属竿可以提高握竿点度，最好成绩达到4.80米，金属竿虽然坚固，不易折断，但是性能硬，弹性差，不易一直提高握竿点，从而影响成绩的继续提高。

1960年，美国运动员布雷格使用金属竿跳出了4.80米的高度，创造了金属竿撑竿跳高的最高纪录。20世纪60年代初期玻璃纤维竿首先在美国问世，1961年美国运动员戴维斯以4.83米的成绩创造了第一个纤维竿的世界纪录，从而结束了使用金属撑竿跳高的时代。

1962年，国际田联承认用纤维竿创造的成绩以后，这种器材就被世界各国撑竿跳高运动员广泛采用。随着器械的变化，撑竿跳高的技术也得到了发展，运动成绩不断提高，也促进了其他配套器材设备的改革。20世纪60年代以后，用海绵坑代替了沙坑落地，并改进了穴斗和撑竿跳高架子。可参看图1-1、图1-2和图1-3。

随着器材的不断革新，撑竿跳高的世界纪录一破再破。1963年4月，美国运动员斯特恩贝克是第一个突破5米大关的运动员，之后的几年，美国运动员不断创造新纪录，1969年6月纪录已经达到5.44米。1970年成绩达到了5.49米，1972年更是攀升到5.72米以上。1981年法国选手维涅隆成为第一个突破5.81米的运动员。20世纪70年代以后，欧洲的撑竿跳高运动员开始跟美国运动员竞争。随着玻璃纤维竿的问世，运动员利用竿子的弹性越过横杆，从而使得技术成绩大幅度提高，那时国际田联已经有权威人士预测，撑竿跳高成绩突破6米指日可待。1985年，著名乌克兰撑竿跳高运动员布勃卡突破6米大关，1992年将纪录提升至6.12米，1994年又创造了6.14米的世界纪录，一直保持到2014年，直到法国运动员拉维勒涅以6.16米打破了沉寂了20年的世界纪录。这个纪录保持到2020年7月24日，在美国尤金市举办的世界田径锦标赛上，瑞典男子撑竿跳选手杜普兰蒂斯以6.21米打破世界纪录。目前男子撑竿跳高世界纪录6.23米，是他在2023年9月创造的。

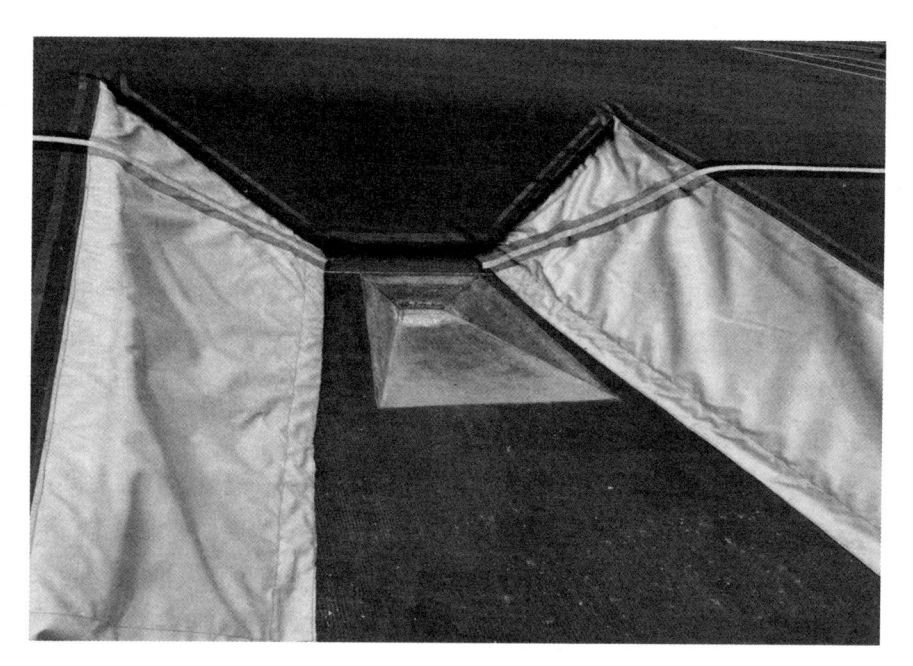

图1-1 撑竿穴斗

图1-2 电动架距仪

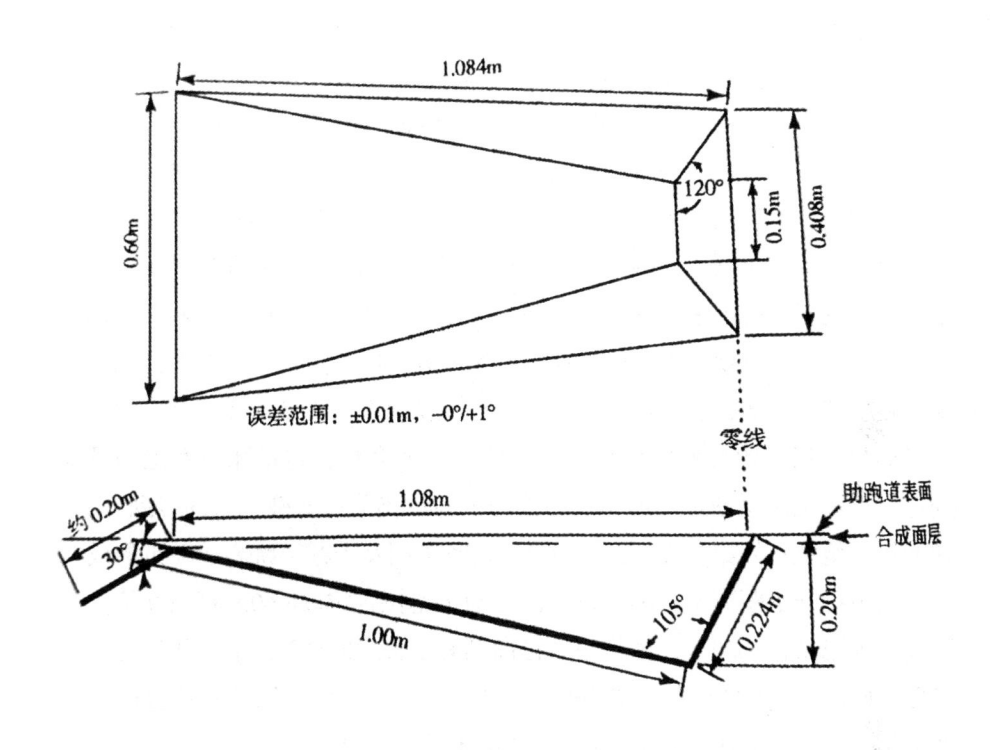

图1-3　标准穴斗规格

注：撑竿跳高起跳时，撑竿必须插在斗穴内。应采用适宜的材料制作插斗，插斗上沿为圆弧形或者软性材料，插斗埋入地下，上沿与地面齐平。插斗底部的斜面长度为1米。底部的宽度自后向前逐渐变窄，后端为0.60米，前端为0.15米。插斗长度和助跑道同水平测量，其深度由插斗底板自与地面齐平的后端向前下方倾斜到与前壁结合处，距地面的垂直深度为20厘米。插斗的左右两壁向外倾斜，与前壁衔接处形成的角度为120°。

女子撑竿跳高是在男子撑竿跳高的基础上发展起来的，在技术上主要借鉴了男子撑竿跳高技术。女子撑竿跳高1992年正式进入世界比赛，作为国际田联新增设的女子项目之一，其在发展过程中曾经具有明显的先发优势，并书写过短暂的辉煌。在20世纪80年代末至20世纪90年代中期一直处于世界领先地位，在1992年至1995年，我国女子撑竿跳高运动员孙彩云、蔡维艳曾经一度在国际大赛中大放异彩。随着女子体育运动的普及和发展，女子撑竿跳高逐渐被各国体育界所关注和重视，一些田径大国迅速地赶超上来，女子撑竿跳高的成绩快速提升。

国际田联于1995年正式设立了女子撑竿跳高项目的世界纪录。1997年3月7日在巴黎，女子撑竿跳高首次被列为室内世界田径锦标赛的正式比赛项目，同时这一项目也成为1999年世界锦标赛和2000年悉尼奥运会的正式比赛项目。这一切都调动了欧美和大洋洲的积极性，也成为世界女子撑竿跳高水平迅速提高的催化剂。一些发达国家利用其原有的田径基础和先进的科学技术水平，逐渐赶超上来，其中澳大利亚、捷克、美国、德国、俄罗斯等国家发展较快。这一时期捷克的巴尔托娃、澳大利亚的埃马·乔治等多次刷新纪录。在欧洲等许多国家参加女子撑竿跳高运动的人数逐年增多，从参加1997年室内世界田径锦标赛的人数来看，欧美占大多数，包括冰岛女运动员也创造过世界纪录。截至1998年初，埃马·乔治仍保持着破纪录的强劲势头。1998年，她把室外纪录提高到4.59米。这时中国女子撑竿跳高运动员的成绩已逐渐被拉开了距离。1999年，美国运动员德拉吉拉以4.60米打破女子撑竿跳高世界纪录，2002年，她将纪录提高到4.81米，2003年，俄罗斯运动员伊辛巴耶娃以4.82米打破女子撑竿跳高纪录，2005年，她将纪录提升到5.01米，2009年，伊辛巴耶娃在黄金联赛中以5.06米的高度再次刷新世界纪录。

世界女子撑竿跳高纪录至今无人打破。目前在世界范围内各级比赛前八名的整体水平在4.65米以上，大型赛事前八名的成绩还会继续提高。

男子撑竿跳高世界纪录/中国纪录参见表1-1，女子撑竿跳高世界纪录/中国纪录参见表1-2。

表1-1 男子撑竿跳高世界纪录/中国纪录

年份	世界纪录（米）	国籍	年份	中国纪录（米）	创造者
1912.6（竹竿）	4.02	美国	/	/	/
1920.8	4.09	美国	/	/	/
1925.8	4.23	挪威	/	/	/
1928.4	4.30	美国	/	/	/

续表1-1

年份	世界纪录（米）	国籍	年份	中国纪录（米）	创造者
1935.6	4.39	美国	1936.6	4.01	符保卢
1937.5	4.54	美国	1957.10	4.32	蔡艺野
1940.6	4.60	美国	1958.10	4.42	蔡艺野
1942.5	4.77	美国	1959.11	4.50	蔡艺野
1957.4（金属竿）	4.78	美国	1962.4	4.52	胡祖荣
1960.7	4.80	美国	1963.4	4.56	胡祖荣
1961.5	4.83	美国	1964.8	4.58	胡祖荣
1962.3（玻璃纤维竿）	4.89	美国	1966.8	4.90	胡祖荣
1962.6	4.94	芬兰	1973.9	4.95	蔡长希
1963.4	5.00	美国	1974.7	5.01	蔡长希
1963.8	5.09	美国	1975.6	5.10	蔡长希
1970.6	5.49	美国	1976.7	5.12	张成
1980.5	5.72	波兰	1977.10	5.16	陈光辉
1980.7	5.78	法国	1978.7	5.27	张成
1983.9	5.83	法国	1980.10	5.43	张成
1984.5	5.85	乌克兰（布勃卡）	1983.9	5.45	张成
1984.6	5.88	乌克兰（布勃卡）	1984	5.46	吉泽标
1984.7	5.90	乌克兰（布勃卡）	1987	5.48	梁学仁
1985.8	5.95	乌克兰（布勃卡）	1990	5.60	梁学仁
1986.7	6.00	乌克兰（布勃卡）	1990	5.62	梁学仁
1986.7	6.01	乌克兰（布勃卡）	2000	5.63	张宏伟

续表1-1

年份	世界纪录（米）	国籍	年份	中国纪录（米）	创造者
1987.6	6.03	乌克兰（布勃卡）	2005	5.70	刘飞亮
1988.6	6.05	乌克兰（布勃卡）	2007	5.71	刘飞亮
1988.7	6.06	乌克兰（布勃卡）	2010	5.72	杨雁盛
1991.5	6.07	乌克兰（布勃卡）	2012	5.75	杨雁盛
1991.6	6.08	乌克兰（布勃卡）	2014	5.80	薛长锐
1991.7	6.09	乌克兰（布勃卡）	2016	5.81	薛长锐
1991.8	6.10	乌克兰（布勃卡）	2017	5.82	薛长锐
1992.6	6.11	乌克兰（布勃卡）	/	/	/
1992.8	6.12	乌克兰（布勃卡）	/	/	/
1992.9	6.13	乌克兰（布勃卡）	/	/	/
1994.7	6.14	乌克兰（布勃卡）	/	/	/
2014	6.16	法国（拉维勒涅）	/	/	/
2020.7	6.18	瑞典（杜普兰蒂斯）	/	/	/
2021	6.21	瑞典（杜普兰蒂斯）	2021	5.82	薛长锐
2022	6.22	瑞典（杜普兰蒂斯）	2022	5.82	薛长锐
2023.7	6.23	瑞典（杜普兰蒂斯）	2023	5.82	薛长锐

表1-2　女子撑竿跳高世界/中国纪录

年份	世界纪录（米）	创造者	国籍	年份	中国纪录（米）	创造者
1995	4.23	孙彩云	中国	1992	4.23	孙彩云
1996	4.45	埃马·乔治	澳大利亚	1992	4.32	蔡维艳

续表1-2

年份	世界纪录（米）	创造者	国籍	年份	中国纪录（米）	创造者
1997	4.50	埃马·乔治	澳大利亚	1995	4.35	蔡维艳
1998	4.59	埃马·乔治	澳大利亚	1996	4.36	蔡维艳
1999	4.60	德拉吉拉	美国	2001	4.40	高淑英
2000	4.63	德拉吉拉	美国	2002	4.45	高淑英
2001	4.81	德拉吉拉	美国	/	4.52	高淑英
2002	4.81	德拉吉拉	美国	/	4.52	高淑英
2003	4.82	依辛巴耶娃	俄罗斯	/	4.53	高淑英
2004	4.92	依辛巴耶娃	俄罗斯	/	4.53	高淑英
2005	5.01	依辛巴耶娃	俄罗斯	/	4.53	高淑英
2006	5.01	依辛巴耶娃	俄罗斯	/	4.53	高淑英
2007	5.01	依辛巴耶娃	俄罗斯	/	4.64	高淑英
2008	5.05	依辛巴耶娃	俄罗斯	2013.10（全运会）	4，65	李玲
2009	5.06	依辛巴耶娃	俄罗斯	2015（亚锦赛）	4.66	李玲
/	/	/	/	2016.2（亚洲室内赛）	4.70	李玲
2012	5.06	依辛巴耶娃	俄罗斯	2019（上海钻石联赛）	4.72	李玲
2014	5.06	依辛巴耶娃	俄罗斯	2022	4.72	李玲
2023	5.06	依辛巴耶娃	俄罗斯	2023	4.72	李玲

综上所述，自玻璃纤维竿在20世纪60年代问世以来，该项目的世界纪录不断被刷新，世界男子撑竿跳高纪录为6.23米，世界女子撑竿跳高纪录为5.06米，世界纪录都达到了较高水平，现有的撑竿跳高技术已经较为完善。

第二节　我国撑竿跳高的理论和运动水平发展历史

一、我国撑竿跳高发展的理论及历史

我国撑竿跳高的理论发展，主要建立在20世纪50年代和20世纪80年代出版的两本撑竿跳高图书的基础上。我国于1953年出版了第一本撑竿跳高图书。从书中可以看到我国撑竿跳高在早期的练习形式和练习目标，以及技术特征，为我国的现代撑竿跳高技术奠定了基础，如图1-4所示。

图1-4　中国第一本撑竿专业图书

书中介绍撑竿跳高运动员使用的是竹竿。中华人民共和国成立初期，运动器材和比赛训练场地与世界水平有很大差距，我国运动员依然是在草坪上进行训练，落地时使用沙坑或者草垛子这样的自然场地。主要的差异是竿子的性能，导致技术差距较大。从持竿助跑、插竿起跳技术、举竿手臂位置时机等技术环节，以及连接的摆体转体技术等方面，都可以看作是现代撑竿跳高技术的雏形，当时，我国运动员基本掌握了现代撑竿跳高的主要特点。

　　通过文献可以看到，从练习方法看，速度训练、体操练习以及技术训练已经在20世纪50年代的撑竿跳高训练中存在。当时，受场地、器材、竿子的制约，起跳以后有滑竿这个动作，技术水平远低于世界水平。然而，从理论的角度来看，我国基本掌握了撑竿跳高的技术要领和技术训练特点。20世纪50年代我国出版相关运动项目书籍之后，中国体育事业取得显著进步，我国撑竿跳高这个运动项目也和其他田径项目一样得到了迅速的发展，这种发展主要体现在器材设备的变化上。

　　在1956年上海的比赛中，我国第一次使用金属竿进行比赛。金属竿虽然比较硬，也比较重，但与竹竿相比有不易折断等特点。我国早期优秀撑竿跳高运动员蔡艺墅，在上海以4.03米打破了保持了20年之久的4.01米的中国纪录，4.01米是我国使用竹竿跳高的最高纪录。采用了新式器材之后，撑竿跳高的纪录不断被刷新，后来蔡艺墅再以4.50米的成绩达到了世界水平。之后，中国另外一名运动员胡祖荣以4.58米创造了我国使用金属竿的最高纪录，这个成绩也是亚洲范围内使用金属竿的最高纪录。

　　1965年，我国撑竿跳高运动员在田径分区赛中首次开始采用玻璃纤维竿，以4.60米的成绩打破了纪录。不同材质的竿子对运动技术的提高有不同的作用。玻璃纤维竿以其良好的韧性、弹性、轻巧等多个特点，使得以钟摆为特点的撑竿跳高弯竿摆体技术得到了更好的利用。与此同时，运动员在握竿高度上有了较大的提高，助跑速度更快，这是现代技术中最引人注目的变化。因此，中国的纪录也在不断刷新，追赶世界纪录。撑竿跳高运动员胡祖荣在1966年将纪录提升到4.90米，1974年，我国运动员蔡长希突破5米大关，以5.01米成为我国第二个越过5米的运动员。1980年，张成跳出5.43米的成绩。

　　1984年，我国出版了一本《撑竿跳高》专业图书（图1-5），是我国优秀撑竿跳高运动员胡祖荣退役后写的专著。

图1-5 撑竿跳高（人民体育出版社，胡祖荣编著，1981年）

该书总结归纳的训练方法迄今为止仍具有极高的实用价值，为我们后来的训练提供了参考。20世纪80年代，我国并没有大量运动员走出国门交流，老一代钻研中国体育事业的精神值得我们学习和借鉴。

自20世纪80年代这本《撑竿跳高》问世后，中国的撑竿跳高训练理论体系不断建立。关于撑竿跳高相关的专著和期刊理论也在不断地问世，发展很快。黄文武编著的《撑竿跳高教学训练理论与方法》一书于2006年由黑龙江教育出版社出版。2017年，由中国著名女子撑竿跳高教练员周铁民编著的《对优秀撑竿跳高运动员制胜因素研究》一书在北京体育大学出版社出版。2022年，由李玲编著的《跟世界冠军学撑竿跳高（漫画版）》一书在电子工业出版社出版。以上关于撑竿跳高的专业书籍，在撑竿跳高技术特点和训练理论方面的研究更加明确化和清晰化。专项理论的发展，为我国近十年撑竿跳高整体水平的提高奠定了理论基础。

我国撑竿跳高竞技水平在奥运会和世界锦标赛上尚未突破前三名，说明我们还有进步的空间，在理论和训练实践方面还需要突破。科学的训练是建立在理论基础上的，水平的提高才是发展的标志，没有突破就是停留，要超越对手，还要继续研究撑竿跳高的核心理论。

目前，我们面临三个训练问题：第一，如何加快撑竿跳高运动员的助跑速度；第二，如何提高握竿点和使用大磅数竿子的技术；第三，如何解决摆体阶段的速度问题。因此，撑竿跳高的理论还需要深度研究。

二、近年我国撑竿跳高项目的发展现状

我国撑竿跳高技术从最初20世纪50年代的落后逐渐赶超上来，迄今为止男女撑竿跳高技术都在世界赛场上有一席之地，说明我国运动员已经掌握了最优秀的撑竿跳高技术和训练体系，并在多个省份建立了传统优势领域，尤其是近年来山东男子撑竿跳高项目水平颇高，其他地区如上海、安徽、广东，也有高水平运动员进军世界赛场。在女子撑竿跳高项目中，近年来浙江、安徽、陕西等涌现出多名高水平运动员，而且是不同教练员指导的。

纵观我国撑竿跳高项目，有领军人物，在国际上也有一席之地，但在国内普及程度并不高，与其他田径跳跃项目的普及程度和练习人数是不能相提并论的，也有客观存在的不利因素，如项目特点所致。

撑竿跳高项目的复杂性和难度很大，还受器械的限制。田径中的其他跳跃项目，如跳远，即使是一个没有经过专业训练的人也可以完成初步的技术体验，而撑竿跳高是人体与器械相结合的运动项目，没有经过专业的训练指导，很难完成插竿起跳、过竿的技术环节，如果稍有兴趣与天分，可能完成直竿的过竿，对于弯竿过竿技术，没有经过一段时间的训练是难以完成的，并且有较大的危险因素存在。通常情况下，具备一定天赋的运动员最快也需要经过半年以上的专门连续训练才能初步掌握弯竿过竿技术，但其技术也是不成熟的，还需要继续对技术进行巩固。专业训练的运动员五年以上趋于成熟，十年都可能会在技术层面取得进步。技术的成熟度还和所在地区的竿子配备有一定的关系。竿子的规格和数量也是影响地区项目开展和制约技术发展的因素。完整全套器材设备配备贵，并且竿子需要进口。目前国内的采购渠道还是比较单一并且手续繁琐。很多国内教练员表示这是阻碍项目开展的主要因素之一。

全套的撑竿跳高专用海绵设备，可以减少和避免危险情况发生，保障练

习者心理安全感。由于不同运动员运动水平和身体素质的不同，不同型号的竿子数量都要配备。一名运动员参加比赛大概需要准备3~10根撑竿，目的是根据比赛当天的场地、天气因素、竞技状态来挑选最适合的竿子。经济欠发达、位置偏远、气候环境等因素都是在开展该项目中面临的比较实际的硬性问题。基层领导很难把有限的资源集中在这样造价高、练习人数少、项目难度大，具有危险性的项目上，这些都制约了撑竿跳高项目的发展。

虽然，项目开展起来遭遇种种困难，但是项目具有趣味性、观赏性，再加上中国老一辈和现在教练员对撑竿跳高的情怀，促使这个项目在中国开展以来，一直保持运动水平的持续提升。为了发展中国的撑竿跳高事业，安徽、山东、广东、四川、上海、陕西、山西、江西、北京、福建、辽宁等主要省市中老一辈的教练员，如张武纪、蔡长希、王万培、熊斌等为撑竿跳高的发展献计献策。熊杰、何玉龙、史美创、徐耀良、徐政、陈器、金涛、周铁民等新一代的优秀教练员所带领的运动员在中国撑竿跳高的发展过程中不断为国家和地区争得荣誉。

截至2024年，中国现有的撑竿跳高运动员人数从2000年最初不足100人，发展到现在有将近200人的训练队伍，这主要得益于国家的重视和教练员的付出。近年来新兴力量不断加入教练员队伍，刘飞亮、周扬、李彩霞等优秀运动员也加入撑竿跳高的一线训练队伍中，并且所带队员已经取得优异成绩。

如今我国在撑竿跳高项目上取得了优异成绩，和教练员队伍扩大，运动员人数增多、开展地区增加、比赛类型多样化，对外比赛交流频次增加等有着重要的关系。希望在多方面的影响下，运动员能接受更高的挑战，争取使我国撑竿跳高项目在奥运会和世界锦标赛上不断取得新的突破。

三、近年我国男子撑竿跳高水平的发展历史

近些年我国男子撑竿跳高水平的提高，离不开山东田径队著名的撑竿跳

高教练熊杰的辛勤付出。在他的带领下，我国男子撑竿跳高纪录不断被刷新，他为我国男子撑竿跳高技术的发展立下了汗马功劳。熊杰培养了多名优秀的撑竿跳高运动员，这些运动员中目前突破5.60米高度的有七位。这么多优秀运动员的涌现，说明熊杰教练不仅掌握了撑竿跳高的技术特点，还掌握了撑竿跳高这个项目的先进训练规律，在他从教的48年里，他为我国撑竿跳高项目的发展作出了巨大贡献。从我国男子撑竿跳高纪录变化表中可以看到，熊杰教练带领的队员创造了很多新的中国纪录，参看表1-1。在熊杰教练的努力下，男子撑竿跳高项目成为山东田径队的强项。

2005年6月，刘飞亮在美国普雷方丹田径精英赛上跳出了5.70米的成绩，将沉寂了5年的全国纪录提高了7cm，成为我国第一个越过5.70米的运动员。刘飞亮在2009年以5.60米的成绩获得全运会冠军后退役，他的师弟杨雁盛在2010年越过5.71米的高度，再次将全国纪录打破。

2012年，杨雁盛将纪录提升至5.75米。2014年，薛长锐以5.80米的高度再次打破全国纪录，成为我国第一个突破5.80米大关的运动员。

薛长锐，1991年出生，2007年进入山东省体工队，在2013年撑竿跳高精英巡回赛总决赛中成为中国田径场内项目第二个达到莫斯科世锦赛A标的选手。他在第12届全运会上夺冠，2014年在仁川亚运会上夺冠，2016年1月16日在法国奥尔良举行的室内撑竿跳高精英赛上以5.81米获得冠军，并打破了自己保持的全国纪录。全国撑竿跳高同仁们对薛长锐寄予厚望，希望他再次突破，引领中国男子撑竿跳高项目走向世界。2018年以后，薛长锐因伤退出国内外的所有比赛，自他创造5.81米的全国纪录后，截至2024年3月仍无人打破。

在薛长锐之后，广东运动员黄博凯在2023年世界田径锦标赛中以5.75米获得第六名，创造了我国男子撑竿跳高运动员在世界赛场的最好名次。另外一名运动员姚捷也参加了这次世锦赛，同样跳过了5.75米的高度，但在5.75米的高度因第三次过竿，遗憾获得该项目的第九名。安徽小将钟涛在第11届亚洲室内田径锦标赛男子撑竿跳高项目决赛中，以5.65米的成绩为中国队夺得金牌。还有男子撑竿跳高运动员宋昊阳近年也表现不错，值得关注与期待。

我国男子撑竿跳高项目自2005年全运会开始整体水平不断提升。以下是

2001年至2017年间，在第9届至第13届全运会男子撑竿跳高项目中进入前八名的成绩（表1-3、表1-4、表1-5、表1-6、表1-7）。

表1-3　2001年第9届全运会（男子撑竿跳高前八名）

名次	姓名	地区	成绩（米）
1	吴鋆	上海	5.30
2	陈忠	广东	5.20
3	刘英满	广东	5.20
4	郑瑞利	广东	5.10
5	邹智	湖南	5.10
6	毛峰	上海	4.80
7	许占鸣	浙江	4.80
8	潘峰	重庆	4.80

表1-4　2005年第10届全运会（男子撑竿跳高前八名）

名次	姓名	地区	成绩（米）
1	刘飞亮	山东	5.60
2	杨雁盛	山东	5.45
3	张宏伟	解放军	5.40
4	陈忠	广东	5.30
5	杨泉	上海	5.20
6	赵宇	辽宁	5.20
7	武茂勇	石化	5.10
8	汤长贵	福建	5.10

表1-5　2009年第11届全运会（男子撑竿跳高前十名）

名次	姓名	地区	成绩（米）
1	刘飞亮	山东	5.60
2	杨泉	上海	5.60
3	杨雁盛	山东	5.50
4	李康	新疆	5.40
5	夏翔	上海	5.30
6	汤长贵	福建	5.30
7	何漳	广东	5.15
8	陆瑶	上海	5.15
9	丁振邦	广东	5.15
10	丁鹏	新疆	5.15

表1-6　2013年第12届全运会（男子撑竿跳高前八名）

名次	姓名	地区	成绩（米）
1	薛长锐	山东泰山体育	5.60
2	杨雁盛	山东泰山体育	5.50
3	姚捷	安徽	5.50
4	周博	辽宁	5.45
5	陆瑶	上海	5.40
6	张伟	山东泰山体育	5.40
7	汤长贵	福建	5.30
8	杨泉	上海	5.30

表1-7 2017年第13届全运会（男子撑竿跳高前八名）

名次	姓名	地区	成绩（米）
1	薛长锐	山东	5.60
2	张伟	山东	5.50
3	姚捷	安徽	5.50
4	杨雁盛	山东	5.30
5	丁邦超	山东	5.30
6	陆瑶	上海	5.15
7	夏翔	上海	5.15
8	韩涛	浙江	5.15
9	陈清槐	福建	5.15

以上是近年来我国男子撑竿跳高在世界范围内的部分比赛成绩和近几届全运会成绩。从运动水平来看，呈现出个别运动员不断突破和整体水平提升的趋势。随着世界撑竿跳高技术的不断发展，以及亚洲范围内一些田径强国的崛起，我国撑竿跳高运动员的技术水平和运动能力得到了进一步提升，面临的竞争也日益激烈。

希望中国男子撑竿跳高在理论和实践相结合的基础上，不断寻求突破点，逐渐缩小与世界先进水平的差距，实现在国际赛事中奖牌榜上的突破。

四、我国女子撑竿跳高水平的发展历史

20世纪80年代，我国女子撑竿跳高在借鉴男子技术的基础上与世界同步发展。1980以后，该项目在安徽、四川、上海、广东等几个省份开展起来，1992年第一次世界女子撑竿跳高比赛中就有中国运动员的身影。广东运动员孙彩云和安徽运动员蔡维艳作为代表参加了世界级比赛。

1995年，孙彩云以4.23米的成绩创造了世界纪录，在20世纪90年代初期，孙彩云和蔡维艳代表中国征战世界和亚洲赛场，一直处于亚洲领先水平。蔡维艳是第一个突破4.30米的运动员。1997年，在第八届全运会上蔡维

艳跳出4.35米的高度，获得冠军，当时的世界纪录是4.50米。1998年初，蔡维艳再次将中国纪录提高到4.36米。2001年，高淑英代表上海队参赛，成为第一个跳到4.40米高度的运动员，并打破全国纪录，在之后的几年里她不断刷新自己的纪录。2007年她再一次将中国女子撑竿跳高纪录、亚洲纪录提高到4.64米，并获得2007年世界田径锦标赛女子撑竿跳高项目的第六名，2008年，高淑英参加完奥运会比赛后选择了退役。在这之前长达10年的时间里她一直保持着高水平，且比赛成绩稳定。

经过十几年的发展，我国女子撑竿跳高项目的整体水平有了较大的提升。从连续几届全运会的前八名成绩可以看出，2001年第9届全运会上我国女子撑竿跳高的整体水平就有了很大的提升。

以下是2001—2017年我国女子撑竿跳高的发展情况，以全运会前八名为例（表1-8、表1-9、表1-10、表1-11、表1-12）。

表1-8　2001年第9届全运会（女子撑竿跳高前八名）

名次	姓名	地区	成绩（米）
1	高淑英	上海	4.31
2	蔡维艳	安徽	4.11
3	彭晓铭	广东	4.01
4	张娜	北京	4.01
5	杜娜	四川	4.01
6	杨静	广东	3.80
7	秦霞	四川	3.80
8	杨红	上海	3.65

表1-9　2005年第10届全运会（女子撑竿跳高前八名）

名次	姓名	地区	成绩（米）
1	赵莹莹	浙江	4.40
2	杨静	广东	4.40
3	高淑英	上海	4.30
4	孙蕾	山东	4.15

续表1-9

名次	姓名	地区	成绩（米）
5	周扬	四川	4.15
6	张娜	北京	4.15
7	黄宇	广东	4.15
8	吴莎	安徽	4.15

表1-10　2009年第11届全运会（女子撑竿跳高前八名）

名次	姓名	地区	成绩（米）
1	吴莎	安徽	4.40
2	李彩霞	陕西	4.40
3	李玲	浙江	4.30
4	张英宁	辽宁	4.30
5	赵莹莹	浙江	4.30
6	周扬	四川	4.15
7	高淑英	上海	4.15
8	李丹	辽宁	4.15

表1-11　2013年第12届全运会（女子撑竿跳高前八名）

名次	姓名	地区	成绩（米）
1	李玲	浙江	4.65
2	任梦茜	浙江	4.40
3	吴莎	安徽	4.40
4	徐惠琴	浙江	4.30
5	张英宁	辽宁	4.30
6	孙思楠	辽宁	4.15
7	王慧	辽宁	4.15
8	李彩霞	陕西	4.15

表1-12 2017年第13届全运会（女子撑竿跳高前八名）

名次	姓名	地区	成绩（米）
1	徐惠琴	浙江	4.40
2	李玲	浙江	4.40
3	任梦茜	浙江	4.40
4	陈巧铃	浙江	4.15
5	薛成成	山东	4.15
6	宋婷婷	安徽	4.15
7	吴作城	浙江	4.15
8	杨洋	福建	4.15

2006年，我国女子撑竿跳高运动员在国际大赛上创造了诸多优异成绩，见表1-13。

表1-13 2006年女子国际比赛成绩

时间（年）	成绩（米）	名次	比赛名称及地点	创造人
2006.3.5	4.12	2	国际撑竿跳高赛（日本）	吴莎
2006.5.6	4.25	4	Coco-cola modesrelays	高淑英
2006.6.3	4.44	2	纽约田径大奖赛	高淑英
2006.6	4.30	1	世界青年田径锦标赛（北京）	周杨
2006.6.4	4.20	4	中国—俄罗斯—意大利田径对抗赛（意大利）	杨静
2006.6.4	4.35	2	中国—俄罗斯—意大利田径对抗赛（意大利）	张英宁
2006.6.11	4.45	2	维多利亚国际田径邀请赛（加拿大）	高淑英
2006.8	4.30	1	世界青年田径锦标赛（北京）	周杨
2006.9.16	4.50	3	田径世界杯（雅典）	高淑英
2006.10	4.22	1	日本国际撑竿跳邀请赛（日本）	张英宁
平均成绩	4.32			

表1-14是我国女子撑竿跳高运动员在2007—2023年国际大赛中取得的部分优异成绩。

表1-14　2007-2023年女子部分优异比赛成绩

时间（年）	成绩（米）	名次	比赛名称及地点	创造人
2007.6.4	4.64	2	纽约大奖赛（美国）	高淑英
2007.4.16	4.55	1	美国田径赛（美国）	高淑英
2007.2	4.40	1	国际田径大奖赛（日本）	张英宁
2007.3	4.22	1	国际撑竿跳高邀请赛（日本）	杨静
2007.5.5	4.40	1	国际田径大奖赛（日本）	张英宁
2009	4.45	1	亚洲田径锦标赛	李彩霞
2013	4.65	1	12届全运会	李玲
2021	4.50	8	东京奥运会	徐惠琴
2022.7	4.60	6	世锦赛	李玲
2023	4.66	1	亚洲田径锦标赛	李玲

从近年来全运会女子撑竿跳高前八名成绩来看，我国女子撑竿跳高项目自2004年进入发展期，中国也不断有运动员在国际赛场上崭露头角，如安徽运动员吴莎、浙江运动员赵莹莹、西安体育学院的李彩霞、四川运动员周扬，以及北京体育大学的李玲、徐惠琴、牛春格、陈巧玲等，这些运动员近年来在世界和亚洲范围内的赛场上不断为国家获得荣誉，运动成绩都在4.45米以上。

有两名运动员在世界大赛中的表现尤为突出。其中一位是李玲，2013年在第12届全运会上，她以4.65米的高度获得冠军，并打破了高淑英保持了多年的亚洲纪录。2015年，在亚洲田径锦标赛上李玲以4.66米的成绩打破了自己的纪录。2016年她突破了4.70米的高度，并第三次参加奥运会。2019年5月，在国际田联钻石联赛上海站，她以4.72米的成绩打破了由她创造的亚洲纪录。2022年，在世界田径锦标赛中她以4.60米的成绩获得第六名，2023年她还以4.66米的成绩获得亚洲田径锦标赛冠军。她准备参加2024年的个人第五届奥运会。这些年来李玲一直保持着较高的水平，在中国撑竿跳高的历史上创造了奇迹。

另外一位是浙江运动员徐惠琴。2021年，她获得东京奥运会女子撑竿跳高项目的决赛资格，最终取得了第八名的成绩，创造了我国女子撑竿跳高在奥运会史上的最佳成绩。该运动员2008年第一次参加比赛，15岁就取得3.80米的成绩，2012年成绩就达到4.30米，进入优秀运动员行列。在2017年全运会上，徐惠琴以4.40米获得冠军，之后在2019年国际多场比赛中跳出优异成绩。2019年7月17日，徐惠琴在德国举行的约克格里姆撑竿跳高专项赛上跳出了4.70米，这是迄今为止她自己的最好成绩，同年8月25日，在西班牙德里田径赛上跳出4.61米的成绩。2021年6月25日，徐惠琴在全国田径锦标赛上跳出4.65米的优异成绩，为在东京奥运会的突破奠定了基础。在2024年3月的全国室内田径大奖赛中，她跳出4.40米的成绩，表现出良好的竞技状态。而且在此次比赛中，徐惠琴、牛春格、陈巧玲等多位优秀女子撑竿跳高运动员同场竞技，大大提升了比赛竞争的激烈程度，展现了目前我国女子撑竿跳高的整体水平。

虽然国内外撑竿跳高的赛场上涌现多名优秀女子运动员，但该项目的普及程度还是不高，希望在优秀运动员的带领下能得到进一步普及。

第三节　撑竿跳高运动员的选拔

如何选拔一名撑竿跳高运动员？相关研究文献和比赛实践表明，优秀的撑竿跳高运动员多来自全能项目和体操项目。也有研究者根据撑竿跳高的技术特点，认为速度和力量在撑竿跳高这个项目上起着重要作用。已有研究表明，这个项目比较适合在体操和跳远上有优势的运动员。通过调查一些现役运动员的训练背景，并通过询问了解到，无论是国外还是国内，目前取得优异成绩的运动员中拥有体操背景的并不多，他们多来自各个不同的项目。从现状来看，体操训练很重要，尤其在撑竿跳高运动员的早期训练中，体操训练占据一定的比例。因此，在选拔撑竿跳高运动员时，体操基础是一个重要的参考条件，但不是唯一条件。不同身高、不同运动背景的运动员都有可能成为优秀的撑竿跳高运动员。运动员通过加强专项训练，满足撑竿跳高的特定需求，都有可能达到优秀水平。

一、具有体操基础

撑竿跳高的技术复杂，跟体操有着密切联系。体操项目要达到世界顶尖水平，其关键训练经验之一是尽早启蒙。撑竿跳高项目也要借鉴体操项目尽早启蒙的训练经验，这样可以增加运动员达到高水平的可能性。

体操发展实践证明尽早开始学习是很重要的，体操项目复杂，技巧性强，10—11岁儿童最容易掌握体操的技巧性动作，而且童年时代形成的动作技能具有很大的稳定性，撑竿跳高与此相似。在撑竿跳高项目上拥有强大实力的俄罗斯，其多数优秀运动员都从小开始接受撑竿跳高训练。

以女子撑竿跳高运动员为例，在女子撑竿跳高项目发展初期，在世界上取得优异成绩的运动员大多数都有过体操训练经历。1996年世界排名前四位的女选手有三位练过体操；1997年巴黎世锦赛前五名中也有三位来自体操房；1997年8月世界大学生运动会的前三名及并列第四名中的一位也都练过体操。著名的俄罗斯运动员伊辛巴耶娃5岁时被父母送到体操学校，15岁终止了体操生涯，因为以她当时1.66米的身高很难在体操器械上做出更有效的动作。我国优秀撑竿跳高运动员蔡维艳也是从体操项目转来的，而且她属于我国早期的撑竿跳高运动员之一，并且取得了不错的成绩。曾经有人对她的技术进行了研究，发现她起跳后的摆体技术明显优于国内的其他女子运动员。

二、不局限于身高因素

撑竿跳高运动员在形态方面有什么特征？我们在撑竿跳高比赛场地上可以看到，男运动员中身高有2米左右的，也有1.70米出头的，女运动员中有1.85米左右的，也有1.60米出头的。无论国内外，身高各异的撑竿跳高运动员都曾获得过优异成绩。中国撑竿跳高优秀教练员金涛在关于女子撑竿运动员身高的讨论中提到，目前在国际比赛中取得优异成绩的运动员的身高主要集中在163～173厘米，多名运动员成功跨越了4.90米的高度。

亚洲女子纪录保持者李玲身高1.87米，12岁开始练习撑竿跳高。男子撑竿运动员以我国海南籍运动员吉哲标为代表，他以1.75米的身高创造过全国纪录，解放军运动员张宏伟，身高2米，也创造过我国男子撑竿跳高的历史。

三、不局限于运动项目背景

较多的文献资料表明,有体操、跳远和全能基础的撑竿跳高运动员在训练初期阶段具有显著优势,通过近年取得优异成绩的运动员案例,我们了解到,撑竿跳高运动员的选拔与其他项目有共性,不同运动背景的运动员也可能成为撑竿跳高选手。

比如,优秀的撑竿跳高运动员周扬,最好成绩4.50米,参加过2008年奥运会。她是从标枪项目转型而来的,她身高1.75米,用的竿子磅数170磅,握竿高度4.30米,卧推90千克,60米跑8.29秒。毕业于西安体育学院的撑竿跳高运动员李彩霞,她之前是一名短跑运动员,后来转型练习撑竿跳高,她100米跑11.80秒,也曾在2007年取得了4.45米以上的优异成绩。她的同门师妹牛春格目前撑竿跳成绩也稳定在4.60米左右。二人都具有助跑速度快,使用的竿子大,握竿高度高等特点。安徽籍运动员吴莎,有武术练习基础,最好成绩达到了4.50米。还有我国女子撑竿跳高发展早期的运动员唐俊美,她来自篮球项目,也曾以4.10米的成绩获得过亚洲青年比赛撑竿跳项目冠军。以上运动员在练习撑竿跳之前都来自不同的运动项目,训练期间都展现出快速的助跑能力,经过撑竿跳高的专项训练后,他们最终都取得了不错的比赛成绩。

四、作为撑竿跳高运动员需具备的特征

纵观国内外优秀运动员,不同运动背景和身体形态特点的运动员都可能成为优秀的撑竿跳高选手。身体高大的运动员在撑竿跳高这个项目中有一定的优势,他们的握竿点相对较高,能够拿起更长的竿子。对于身材较为矮小的运动员来说,其特点是助跑速度快、有超强的弹跳力和很好的力量素质。因此,通过加强撑竿跳高运动员的专项素质练习,可以弥补握竿点较低的不足,有望达到较高的竞技水平。

在选拔撑竿跳高运动员时，我们应注重早期的培养和注意一些关键特征。选拔时重点测试速度、上肢力量、身体的灵活性和协调性，以及完成单杠引体等动作的能力。同时，在非测定情况下考察运动员的心理素质也是必不可少的，如具备敢于接受挑战刺激、胆大心细、拿着竿子就敢于起跳等特质，拥有这些特质的运动员更有可能获得成功。

还有一点需要注意，无论运动员在练习撑竿跳高之前是来自什么运动项目，都需要在撑竿跳高训练中加入体操训练，而且这一训练要贯穿于撑竿跳高训练的整个过程中。体操训练是掌握撑竿跳高完整技术并提升运动水平的重要练习手段。因此，教练会根据运动员的体操水平来决定训练的次数和需要加强的练习动作。对于具有体操背景的运动员，需要加强速度和技术方面的练习，而对于没有体操背景的运动员，则需要增加体操训练的次数。

五、不同阶段的选拔重点

以下是根据国内外优秀运动员的技术特征、形态特征总结的选拔规律和重点，仅供参考。

第一个年龄阶段，10—13岁，选拔重点包括：

身体形态特征：身高，男160~170厘米，女155~165厘米。重心较高，手臂与跟腱较长、关节维度小、足弓明显；身体素质特征：柔韧性好，跑步姿势自然、步伐轻快；性格特征：喜欢跳跃项目，性格开朗活泼，模仿与学习能力强，有竞争意识。

第二个年龄阶段，13—15岁，选拔重点包括：

身体素质特征：身体素质全面，尤其是动作速度和位移速度较好；技术方面：初步掌握撑竿跳高技术，具备一定体操水平，如能够完成吊环摆体、单杠引体向上、倒立走、推、体操前空翻等动作；性格特征：学习动作时接受能力强，善于思考，喜欢训练，面对高强度的训练时拥有良好的意志品质和自我控制能力，在遇到训练中出现的问题时，拥有良好的自我调节能力以及与教练员的沟通能力。

第三个年龄阶段，16—17岁，选拔重点包括：

技术方面：熟练掌握撑竿跳高专项技术，具备高水平的发展要求，运动训练能力较强、天赋较好；身体素质特征：短距离跑速度较快，尤其是助跑撑竿起跳速度较快；性格特征：勇于挑战高度，敢于尝试更换竿子、提高握竿点位置及增加步数，勇敢果断。

第二章 撑竿跳高专项技术

第一节　选择竿子

撑竿跳高使用的竿子是该项目的必备器械（图2-1）。现代的竿子大小不尽相同，有多个系列，长度从2.75米的短竿到5.10米的长竿不等。这些不同规格的竿子旨在满足不同年龄阶段、身高体重、技术特点、助跑速度和力量素质的运动员的需求，从而帮助他们快速掌握撑竿跳高的完整技术。

20世纪90年代到21世纪初是我国女子撑竿跳高项目的初步发展期，该项目仅在少数传统区域内开展。当时，女子运动员使用的竿子非常稀缺，即便是男子使用的最小撑竿，女子运动员也无法使用。在此情况下，一些地区的教练克服困难，想办法发展女子撑竿项目。他们利用过杆的横杆套上杆头来教授女子运动员学习撑竿技术。然而，这样对学习完整技术是有局限性的。如今虽然撑竿的购买不再那么困难，但通过与教练员的交流了解到，现在运动员在选择撑竿器材方面依然受到限制，部分地区的撑竿储备较为充足，具备发展该项目的优势，而部分地区的撑竿储备不足，存在一定的局限性。

有人用"空中飞人"来形容撑竿跳高项目的特点。水平越高的撑竿跳高运动员，所使用的竿子磅数越大，弹性系数越大，运动员的握竿点也越高。其竿子弯度大，弹性好，展现出的技术特点是从助跑到起跳衔接流畅，几乎在没有减速的情况下完成插竿起跳。在悬垂摆体阶段，身体沿着撑竿的手臂方向舒展腾空，人体如抛物线般弹射，过杆落地非常流畅，可谓一气呵成，这使其成为田径场上最具观赏性的项目之一。因此，要想如优秀运动员般完成优美流畅的技术动作，在初级训练阶段选择合适的竿子至关重要。

运动员使用的竿子大小是否合适非常关键。每一根竿子的握竿区上方都标有竿子的承重系数与弹性系数。选择竿子时，其承重能力必须大于运动员的体重，这可以作为初步参考。在练习过程中，运动员还可以通过观察竿子的弯曲程度、反弹速度和进坑远近来判断竿子是否合适,从而决定是否应该换竿。

作为初学者,准确匹配竿子是很困难的,但根据上述分析,我们可以总结归纳出一些结论,其中最首要的是竿子的承重能力等级与运动员体重相差不要太大,以确保安全并提高跳跃效果。

图2-2提供了撑竿的参考数据,供运动员在选择竿子时参考。表2-1给出了关于握竿高度和换竿方面的具体建议,帮助运动员更好地调整和优化自己的撑竿跳高专项技术表现。

图2-1 撑竿

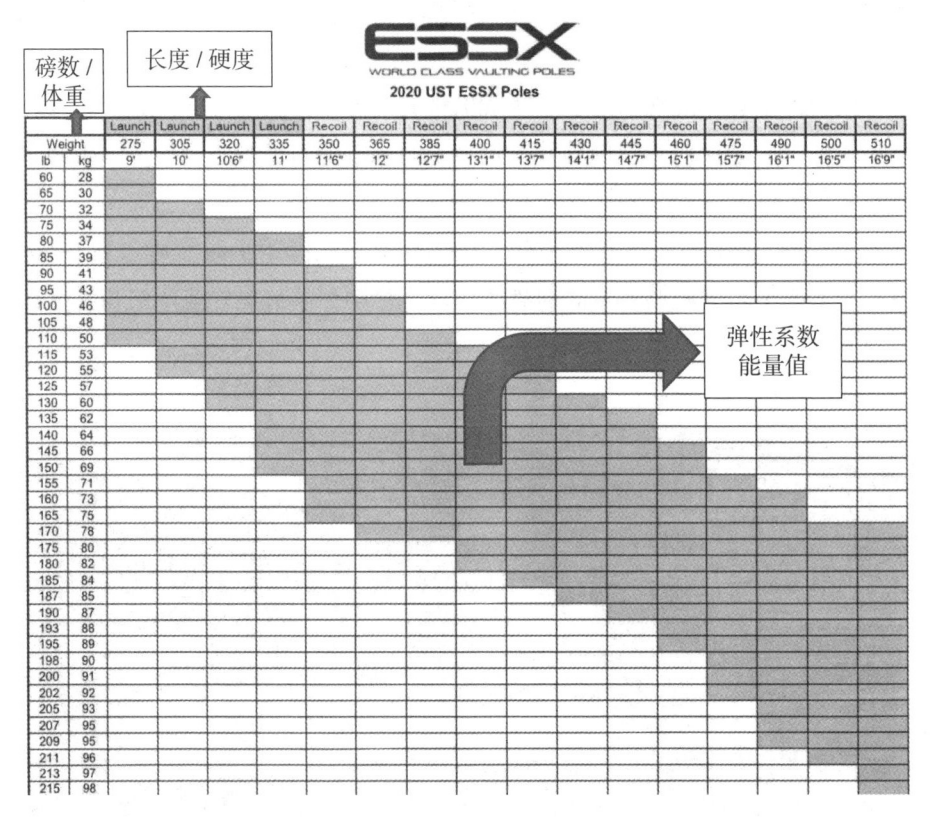

图2-2 竿子数据

表2-1 专项技术变化与技术建议

专项技术参数	落点 远	落点 近	弯曲程度 幅度大	弯曲程度 幅度小
竿子磅数大小	换到更硬竿	换软竿	进一步换大竿	换小一点的竿子
握竿高度	提高握竿点	降低握竿点	降低握竿点	提高握竿点
助跑距离	增加步数	增加步数	减少步数	增加步数
架距变化	向前移	向前移	视情况而定	视情况而定
理想过竿位置	居中过竿		90°或者稍多一点	

第二节 持 竿

撑竿跳高，是用一根竿子完成一系列技术动作的运动项目，还需要用标准的海绵垫子来确保安全。撑竿跳高训练初期是从持竿走跑开始的。对于初学者来说，他们对这个项目是没有任何体验的，最初训练可能会感到有压力。因此，可以在训练之前拿几根不同型号的竿子让他们举起，培养手感和手臂力量，这样有利于他们助跑速度的稳定发挥。

一、持竿方法

撑竿跳高运动员大多数是左脚起跳，因此通常是右侧持竿。撑竿运动员的握竿方法是以肩为轴，两手间距比肩宽一拳，右手向后伸，放在靠近髋关节的位置，肘关节略弯曲，掌心朝上。对于右手持竿者来说，左手握竿位置应稍低于锁骨前方，即位于胸部高度。两手之间的握距适中，一定要固定好左腕关节，使其保持在一个合理的位置上，握紧竿子，虎口向上。如果有松动，就会影响后续动作。保持肩和肘在持竿时的稳定性非常重要，靠近身体位置，减轻竿子带来的重量压力，同时要避免两臂及肩部肌肉群变得紧张，因为肌肉紧张会影响持竿助跑速度的发挥。这是大多数运动员采用的持竿方法。

持竿时应与跑道平行，并与地面成75°角。以左脚在前的选手为例：通常在助跑的起点处放置一个标记物，类似于跳远的标记点。其实哪只脚在前并不重要，关键是要保持一致性。右脚一般会放在身体的右侧后方（图

2-3）。如果是左撇子运动员，持竿方式则相反，他们会把竿子放在身体的左侧，手的位置也相应换位。运动员在熟悉握竿并感到舒适后，就可以开始持竿在跑道外的场地上行走和慢跑了。

图2-3　运动员持竿

二、初学者助跑和降竿技术

初学者练习助跑，建议先在跑道上进行撑竿跳高助跑的模仿练习。具体做法是：在助跑道上设置一至两个标记，这些标记只能作为临时性和过渡性措施。一旦掌握并熟练了助跑技术，就应该取消标记。选择助跑节奏时，必须考虑运动员的训练水平、身材条件和个人特点，以及坚持有利于充分发挥助跑速度的原则。

为了提高未来专项训练中助跑节奏的准确性，可以从最初就养成计步的习惯。计算起跳脚左脚（如果是左撇子则计算右脚）。这是因为大多数运动员在助跑时会把注意力放在非起跳脚上。助跑距离越长，计步就会变得越困难，特别是最后的加速阶段。为了养成良好的习惯，建议初期训练的每一次助跑都从起步开始倒数步数至1，这样最后几步总是相同的步数。这样可以增强运动员在最后几步记忆的一致性，使训练进展更加顺利，并达到心理预期与实际运用的统一性。

撑竿跳高的初始记忆难以改变，因此建议不要轻易尝试改变已形成的思维习惯。心理作用在撑竿跳高训练中非常重要。只有通过反复练习和雕琢，才能形成良好的动作习惯思维记忆，为后续掌握插竿起跳的时机打下基础。当运动员可以轻松持竿行走和跑动时，就可以开始学习如何降竿了。

在教学初期，这个过程需要耐心和仔细。在学习降竿阶段，可以在跑道上设置一个标记为"X"的点。一边走一边报数，逐渐降低竿子，然后把竿头准确落在"X"点位上。撑竿的最后三步至关重要，因为这是运动员将撑竿从竖起过渡到水平与地面的第一步。运动员应从持竿准备起跳10步以上至最后一步完成降竿、插竿。

在倒数第二步至最后一步时，运动员应将右手臂完全伸展，右手在耳朵侧方举竿。助跑练习距离不建议超过左脚数量的7或8步。在熟练掌握这样的助跑节奏后，再去撑竿跳高的跑道上进行试跳。即使是优秀运动员，三次走、三次慢跑持竿、三次快跑等基本功练习仍然是有效的热身方法。

为了提高最后几步的能力，可以在准备起跳时喊出自己习惯的一个"词"或"音符"，简短的关键词在起跳瞬间形成反复记忆。因为在全速跑的时候大脑是不会记住很多东西的，这个建议可以根据运动员自己的习惯进行采纳。持竿、降竿、举竿参看图2-4至图2-8。

图2-4　持竿

图2-5　降竿①

图2-6　降竿②

图2-7　降竿③

图2-8 举竿

第三节　助跑技术

助跑技术，在撑竿跳高中占据着举足轻重的地位。主要指运动员在持竿助跑过程中，能够积极加速并保持稳定的节奏。尤其在插竿起跳的最后几步，起跳技术的连贯性至关重要，以确保水平速度的损失降至最低。助跑速度不仅是运动员选择更高握竿点和使用大磅数竿子的关键因素，更是人体离开地面后，将助跑的水平速度转换为向上弹性势能的重要动力。这种动能的转换，是完成悬垂摆体伸展并获得能量的关键。因此，对于撑竿跳高运动员而言，掌握助跑技术并提高助跑速度显得尤为重要。

一、助跑技术注意事项

目前，世界优秀的撑竿跳高运动员普遍采用高抬腿助跑方式。这种助跑方式的特点为助跑速度快、节奏稳定、步幅大、重心高。在摆动腿蹬离地面后，运动员会积极地将腿折叠前摆，并通过髋关节发力来带动腿部前摆。这种跑步技术有利于在起跳的最后阶段，即脚蹬离地面时，使髋关节、膝关节和踝关节都充分伸直。实践证明，在踏地的最后阶段，踝关节快速有力的踏跳动作对于推动整个身体重心向前起着极为重要的作用。

在初学阶段，虽然助跑速度越快越好，但过快的助跑速度可能会对起跳技术产生影响。因此，初学者需要尽量在助跑速度和起跳技术之间找到平衡。放慢助跑速度以追求技术的完美并不是一个好的方法。那么，什么是完美的助跑技术呢？就是在降竿的过程中，即使竿子低于了水平面，运动员还能在这个基础上加速做插竿起跳动作。这就是插竿起跳与助跑速度最好的衔接技术，能将水平速度的损失减到最小，这也是目前优秀运动员和一般运动员的区别所在，运动水平的突破也往往体现在这一点上。

运动员要在快速助跑的情况下充分发挥技术，必须要权衡助跑速度和插竿起跳技术。持竿助跑时，运动员应注意上肢的放松，并将注意力集中到起跳点上，如果运动员的注意力集中在其他地方，就容易发生意外并影响助跑节奏。

二、确定助跑距离

根据撑竿跳高比赛规则，撑竿跳高的助跑距离不超过45米，目前世界上优秀撑竿跳高运动员的最长助跑步数通常为22步。

确定助跑距离的一种简单方法是在径赛跑道上按助跑节奏进行持竿跑，并观察各步步长。当各步步长基本恒定时，这个距离就是运动员达到最高速度的距离。然后，可以将这个距离转移到助跑道上作为个人的助跑距离。通常，根据个人训练水平，通过计算起跳前10米的距离或者预计的6步步长来确定助跑距离，这是最初进行插竿起跳训练的基本方法。具体方法是竿子顶住穴斗，右手伸直，站立的点确定后，转身向后走6步，每步大约1米，根据身高加自己一脚步或者两脚步，以确定四步助跑的距离，再增加两步助跑，再次在四步点往后走3步，加一脚至三脚，这是初期运动员进行四、六步短程起跳的方法。

助跑距离通常根据运动员的身材、步幅和步频来确定。身材高大、步幅大、步频慢的运动员，其助跑距离会稍长一些；而身高较矮、步幅小、步频快的运动员，其助跑距离会稍短一些。从持竿助跑开始，运动员就应充满信心并积极发挥最快速度。实际上，助跑距离并非一成不变，而是随实际情况变化。例如，在顶风时，可以将助跑距离缩短；顺风时，则可以适当延长助跑距离。当竞技状态良好时，也可以考虑延长助跑距离。风向对运动员撑竿有一定影响。当遇到右侧来风时，需要及时将撑竿移至正常部位。当左侧来风较大时，务必注意控制撑竿，尽可能将竿子移到正常位置。

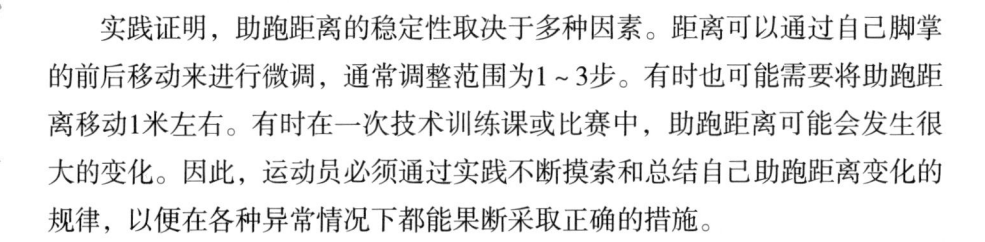

实践证明，助跑距离的稳定性取决于多种因素。距离可以通过自己脚掌的前后移动来进行微调，通常调整范围为1~3步。有时也可能需要将助跑距离移动1米左右。有时在一次技术训练课或比赛中，助跑距离可能会发生很大的变化。因此，运动员必须通过实践不断摸索和总结自己助跑距离变化的规律，以便在各种异常情况下都能果断采取正确的措施。

三、助跑节奏

从力学原理来看，撑竿跳高就是动能转化为弹性势能的运动项目，表现为人体借助竿子的弹性作用越过一定的高度。因此在一定条件下，助跑速度与腾越高度成正比。即助跑速度越快，起跳技术越合理，竿子储存的势能也越大。当竿子形状复原时，就能产生更快的腾越速度，从而使运动员越过更高的横杆。因此，撑竿跳高运动员为能积极有效地发挥助跑速度，选择适当的助跑节奏是十分重要的。

目前采用较多的助跑节奏有下列三种形式：

第一种形式的助跑节奏，从踏上起跑线开始，逐渐加速，到助跑结束时（起跳前）达到最快的速度。这种助跑节奏容易掌握，适用于初学者。但缺点是随着助跑速度的逐渐加快，上体和两肩肌肉的紧张程度加大；又因助跑到最后时既要注意加快速度，又要注意插穴起跳动作，往往造成动作过分紧张；身体重心也有一定变化，降低然后再起跳，不仅影响助跑速度的发挥，也影响起跳动作。这样的助跑节奏如遇体力下降、顶风等情况，会破坏助跑的稳定性，造成助跑速度损失。

第二种形式的助跑节奏，要求运动员踏上起跑线后就积极加快速度，助跑到第二阶段时基本达到最高速度的90%。依据第二阶段惯性跑，上体由前倾逐渐抬起，身体重心逐渐提高，上肢和躯干放松。助跑到最后几步再积极加速，达到最高速度，进入插穴阶段。这种助跑节奏比较适合高水平的运动员，个子矮、频率快、速度快的运动员也是可以采用的。但它的缺点是，若体力状况不佳则不能及时发挥速度，或者遇到顶风情况，节奏就会受影响，最后起跳阶段会紧张，影响起跳和助跑速度的发挥。

第三种形式的助跑节奏是目前世界上多数运动员采用的。这种助跑节奏是从第一步开始逐渐加速，助跑到全程的三分之二时达到最高速度。最后几步依靠助跑惯性和加快频率，一直保持到插穴起跳。这种助跑节奏的特点是速度快、身体重心高、助跑流畅、助跑节奏稳定。即使遇到体力状况不佳或者顶风的情况，都可以调整步伐。由于在最后阶段是惯性跑法，因此运动员可以在插穴起跳上高度集中精力。下面对这个普遍采用的助跑节奏形式作一个详尽的分析。

第一阶段，踏上起跑线前，采用走几步或慢跑几步再颠两步的预备姿势，也有些运动员习惯用站立式起跑或碎步快跑后颠两步的预备姿势。总之，预备姿势以自己习惯和有利于发挥速度为准则，但必须做到高度集中注意力，把全部精力都投入助跑上。助跑一开始就发挥速度，但不宜用最快速度，以免造成动作紧张。采用这种助跑节奏的运动员，所持撑竿的竿头也可以略微横对助跑跑道（或者撑竿与跑道成垂直状态，竿头略向前上方）。这样运动员可以加大上体的前倾角度，以利于发挥速度。助跑到5~6步时，竿子逐渐移到正常部位，使两肩和上体肌肉自然而放松。第二阶段，上体已接近垂直，但动作自然放松。第三阶段，上体已完全垂直，竿端已对准插斗。此时需集中精力，并积极地高抬大腿、加快步频，以保持前一阶段获得的惯性，从而使起跳动作更为流畅。

四、助跑中后六步助跑降竿技术

助跑开始时，运动员应把撑竿持在与臀部齐平或稍高的部位。目前国内外优秀的撑竿跳高运动员，大部分采用竿端与助跑路线偏左一点的持竿技术，或采用竿子与跑道成垂直面的持竿技术。即使有些运动员习惯于助跑开始时让竿端与助跑路线形成一个很小的交叉角，但在助跑几步以后，也会及时地将竿端移到与助跑路线的垂直面，保持撑竿在体前位置进行助跑。

在后六步，撑竿要从原来的75°角开始下降。下降的方法是右手抬高，从髋关节的位置沿着身体的右侧逐渐弯曲。随着右肘关节的抬高,左手持竿的高度几乎不变,变化在于左肘关节。左肘关节最初在胸前,然后逐渐从偏左侧向右侧稍作转动。在降竿的过程中,左肘角度逐渐发生变化,肘关节角度逐渐增大到接近180°。注意不要让右手离身体太远。到最后两步时,撑竿应与地面平行。插竿时,竿头甚至会低于水平面。

持竿准备与准备助跑分别如图2-9和图2-10所示。

图2-9　持竿准备　　　　　　　图2-10　准备助跑

五、撑竿跳高助跑特点

现代撑竿跳高运动员的助跑技术动作以高膝助跑方式,节奏稳定,步幅大,重心高为特点,就是摆动腿蹬离地面后积极折叠前摆,以髋发力带动前摆的跑步技术。其中节奏稳定、步幅大、重心高就需要运动员具有很强的支撑力,这样的助跑技术和三级跳远技术很接近。男子撑竿跳高世界纪录保持者杜普兰蒂斯就将三级跳远作为辅助练习。

虽然三级跳在起跳后还要完成三级跳跃,但在起跳前需要运动员具备高重心、稳定性、向心性等特点,撑竿跳高助跑起跳也具备这样的特点。因此,从撑竿跳高起跳的方向、运动员的起跳重心以及稳定性、向上性等这些方面的特点来看,三级跳远运动员的助跑和起跳特征更接近撑竿跳高一些。

第四节　插竿起跳技术

在进行正式的插竿起跳前，教练员可以安排训练之初的运动员在沙坑里进行插穴起跳练习。运动员走几步再衔接跑几步，然后把竿插到沙子里，手臂用力推竿，以便能落在沙坑深处。这个练习可以提高运动员的插竿速度，同时运动员不需要担心穴斗固定点影响助跑速度，这有助于培养他们在最后几步的插竿速度感。在此基础上，再过渡到正式的穴斗插竿起跳，进行撑竿跳高的助跑起跳训练。此时的训练至关重要，因为它会影响后续撑竿跳高完整技术的形成。因此，从一开始就必须确保动作规范、正确，这是形成插竿意识记忆的关键阶段。

建议从直竿起跳开始练习，即短距离直竿起跳。最初的训练可以从助跑六步开始，握竿点也相对较低。如果竿子磅数较大，运动员可能还无法掌握弯竿起跳技术。因此，短程举竿插穴起跳技术就是练习的重点。一旦运动员形成了举竿插穴起跳的技术意识，这种时机感就会在他们的脑海中形成记忆。随着起跳次数的增加，运动员将逐渐达到自动化插穴起跳的水平，从而提高插竿起跳的速度。这个短程起跳技术的训练通常是在开始训练的6个月内进行。此外，运动员还需要掌握正确的持竿助跑技术，然后才能过渡到弯竿起跳阶段。

在初学阶段，由于运动员的专项能力尚未达到要求，他们往往出现插竿起跳较慢的情况。教练员应提醒运动员，不能因正确完成举竿技术而忽略了助跑速度和插竿起跳速度，运动员应先在快速的理念下逐渐完善插竿起跳专项技术。随着专项能力的逐渐提高，动作技术也会逐渐规范、成熟。

随着助跑距离的增加和握竿点的提高，运动员逐渐过渡到弯竿起跳阶段。在此过程中，可能需要更换更大的竿子，提高握竿点，才能完成弯竿起跳，运动员需要一个适应过程。前面已经提到要注意提高助跑速度。每次换新竿子，运动员都需要从在适当距离起跳进坑开始适应，直到能够完成过杆动作，才算完成换竿过程。在换竿时，运动员应具备强烈的换竿意愿，深刻体会和感知技术动作，勇敢克服心理问题。教练员也要准确评估并提醒运动员掌握换竿的时机，在弯竿起跳技术比较成熟后，才能过渡到过杆训练。这个过程是运动员掌握完整技术的关键时期，也是影响整个运动生涯的重要阶段。可以说这是撑竿跳高技术的基础训练时期，能够为后续的技术训练打下坚实的基础。

在技术基础训练阶段，以提高专项能力为训练重点，以促进基础技术的形成和巩固。没有撑竿跳高的专项能力，很难形成规范的技术。因此，这个训练阶段需要持续相对较长的时间。通过对优秀运动员的访问发现，熟练掌握和运用完整的撑竿跳高插竿起跳技术需要五年的训练时间来慢慢沉淀，在接下来的五年里，技术水平才能逐步地完善和提高。这意味着大多数运动员需要用十年的时间来磨炼技术，以达到顶峰，即实现技术的稳定性。以中国女子撑竿跳高运动员高淑英、李玲和徐惠琴为例，她们都表现出了这样的特点。这几名运动员在连续十几年的比赛中发挥稳定，成绩优异，并且技术水平还在逐渐提高。这主要是因为她们在基础训练阶段打下了坚实的基础，在初期训练阶段严格按照撑竿跳高技术形成的发展规律进行了长时间的训练与沉淀。如果在插竿起跳技术不规范的情况下就采用弯竿过杆技术，可能会发生一些危险，也不利于未来技术水平的提高。而且，这样的技术动作不稳定，基础技术不巩固，运动技术水平便不稳定。

一、起跳点形成和起跳方向

起跳点和起跳的方向会直接影响起跳的势能储备。关于起跳点，当前，世界优秀撑竿跳高运动员的起跳点大多在握竿点投影位置附近。这样能将更大的力量作用于手、肩关节和腰部，从而通过起跳瞬间的撑竿储存更多的势能，减少起跳时的能量损失。如果起跳点过远，则不利于充分发挥助跑速度的优势；起跳点过近，则有一定的危险性，时间久了，容易发生腰部扭伤。

关于起跳方向，一般有以下两种：

第一种是向前上方起跳。这种起跳方式适合起跳角度较大的情况，撑竿的向前性较好，通常适合初级运动员。

第二种是略向前上方起跳。与第一种相比，这种起跳方式的起跳角度较小，需要更快的助跑速度和快速摆体，被世界优秀运动员普遍采用。这种起跳方式能为运动员完成动作提供更多的时间，使身体能够最大限度地伸展，背部成反弓形，促使肌肉力量充分发挥作用。这样的起跳方法可以产生更大的冲击力量，使撑竿上半部的弯度增加，旋转半径缩短。随着握竿高度的增加，撑竿弯曲后产生的力量比第一种起跳方向产生的力量更大。而且，当运动员腾空时，身体重心会积极向上移动，运动员在之后过竿，越过横杆瞬间，产生的腾起速度也快，实效性好。

二、插穴的时机

掌握插穴时机至关重要，插竿起跳对整个技术过程具有决定性影响。正如前文所述，在持竿助跑的最后两步，竿应与地面平行，在倒数第二步时，准备插竿起跳，举竿与插穴要迅速，在举竿时竿子不要远离重心，右肩偏后一点，便于举竿。在此过程中，要确保竿子与身体保持适当距离，身体维持直立姿势。左手应尽力向前上方支撑，同时保持左臂肘关节在90°～180°范围内过渡支撑，而右手则避免过度向外，以减少举竿过程中的阻力。最后两步的举竿与脚步的配合至关重要，因为这两步直接决定了起跳的位置。

撑竿跳高运动员的起跳重心与三级跳远中的最后两步起跳重心有相似之处。需注意的是，在三级跳远中，倒数第二步的步幅通常较大，而与起跳步相比则稍短。然而在撑竿跳高中，这两步的步长几乎相同。以左脚起跳为例：当左脚触地时，膝关节应稍微弯曲，起跳的瞬间即从地面发力。倒数第二步是准备向上起跳的阶段，此时身体应保持向上挺直，使身体重心上移。最后两步的节奏非常明显，特别是最后一步，具有明显的蹬地起跳爆发力。

当起跳的重心越高，竿子举得也越高。当起跳脚落地时，右胳膊应位于头的垂直上方。一个理想的起跳姿势应是右手臂、身体和脚基本呈一条直线。左臂不能弯曲，否则传递到竿子的能量会减弱，这时左手控制住竿子，右手紧握并举到耳部上方偏前上角度。

在插穴阶段，仍需最大限度地增加竿子的弯曲度，以便在竿上储存更多的势能。运动员利用撑竿的形变复原释放能量，并通过手臂的支撑力量和肩部连接胸部的力量向前上方支撑，使身体形成反弓形。此外，要注意将摆动腿放在身体的后面，以增加摆体速度。关于起跳后成弓步还是双腿摆动，后面章节会有叙述和讨论。在训练初期，建议摆动腿放在身体的后面。

世界优秀的撑竿跳高运动员都特别强调由助跑转入竿上的摆体起跳技术的重要性。因为这一阶段的技术掌握得越好，撑竿就越能从助跑中获得更大的势能。当竿子形变复原并释放势能时，运动员就能获得更大的腾越高度。因此，在各个训练时期，都应投入大量精力来改进起跳技术并提高起跳动作的自动化水平。同时，增强手臂力量是非常必要的，这是撑竿运动员必备的基础力量之一。

三、插竿起跳重点

在助跑中最后四步助跑非常重要，竿头应对准插穴底部，同时集中注意力。通过快速有力的起跳，可以最大限度地转化弹性势能。运动员必须密切关注起跳前三步的助跑步长和重心的移动。步长关系到速度利用率，重心关系到腾起角度。

在运动员起跳瞬间，腾起角是运动员插竿后离开地面时，身体重心腾起初速度方向与水平线构成的角度。撑竿跳高运动员的起跳角度还受运动员身高、握竿高度和竿子硬度的影响。它的大小由起跳离地瞬间的垂直速度和水平速度的关系决定。比如，现今最优秀的男子撑竿跳高运动员杜普兰蒂斯，他的起跳角度是17.5°，我国男子撑竿跳高运动员钟涛的起跳垂直速度是2.48米/秒，起跳角度18°，姚捷的垂直速度是2.87米/秒，起跳角度21°。从这三名运动员的数据来看，杜普兰蒂斯的起跳角度最小。垂直速度越快，起跳角度越小，因而他垂直速度更快。

我们在关注起跳角度的同时，也要考虑起跳角度小可能带来的风险。在撑竿跳高这个项目上，起跳角度过小会对运动员的插竿技术和助跑速度提出更高的要求。当运动员的起跳角度小时，就需要更快的助跑速度和精准的插竿技术与之匹配。速度不够时就会影响竿子的向前性，增加运动员的起跳难度，这对于运动员来说是有风险的。因此，起跳角度虽有参考意义，但要建立在良好的助跑速度和插竿技术上。世界优秀运动员不同角度的起跳瞬间参看图2-11至图2-13。

图2-11　插竿起跳①

图2-12　插竿起跳②

图2-13 插竿起跳③

第五节　悬垂与摆体技术

悬垂与摆体技术环节是现代撑竿跳高技术中最突出、最具观赏性的一环。

在摆体之前，首先要求撑竿在穴斗里形成稳定的支点。运动员起跳时身体重心要高，在插竿起跳的同时，右臂已经伸直，左臂提供支撑。在膝盖蹬直的一瞬间才可以进行摆体，否则会出现摆体连接过早的情况。若支撑点不正，将不易控制身体平衡，但也不能过晚连接摆体，若在蹬地后稍停顿再连接摆体，往往会造成起跳与摆体技术脱节，动作不连贯的现象。

在人体离开地面之后进入悬垂和摆体阶段，由于竿子弯曲度大，撑竿支撑点和身体重心的旋转半径缩短。此时，起跳腿应充分向前上伸展，身体悬垂，右臂向后上方伸直，上臂的肱二头肌部位靠近耳朵，右髋向右手方向转动伸展。摆动腿的膝部保持90°以上的弯曲，继续加剧臀部的前送。左手臂继续保持支撑状态，如果左手支撑不力，竿子弯曲幅度会很小并且快速反弹。有些运动员在还未充分进行悬垂摆体时，撑竿就已经弹直了。遇到这样的情况，要完成过杆动作，需要将竿子向前移动过横杆垂直面才能完成摆体技术，而且运动员要快速完成摆体过杆。为了更好地利用竿子的弹性，运动员与竿子向前的速度和弹直速度需要保持一致。如果运动员摆体速度和竿子反弹速度不一致，就会出现碰掉横杆的现象。竿子支撑不够也会出现撑竿向前行进不足就弹直的情况，这样运动员将没有足够的时间完成动作，并且可能会落在垫子边缘或穴斗的上方，这种情况会给运动员带来危险。特别要注意，摆体动作的速度和向上角度要与竿子反弹速度同步，如此才能借助反弹的力量。因此，在悬垂阶段，左手的支撑非常重要，这是由现代纤维竿的特性决定的。

悬垂摆体的正确做法是保持左手向前上方积极支撑，避免胸部靠近撑竿，参看图2-14、图2-15。在垂直阶段，摆动腿还不能放下，几乎与上体形成直角，头部与躯干保持在一条直线上，参看图2-16。此时虽然身体后屈程度有所减少，但向前摆体的速度却在加快。需要注意的是，如果握竿点过高且竿子磅数较小，竿子会过度弯曲，这对运动员来说是很危险的。如果竿子弯度过大，如图2-17就具有较大弯度，意味着运动员的向上反弹时间将延长，这需要运动员有足够的身体控制能力，并确保摆体伸展速度与竿子弹直速度一致，以便借助竿子的弹性进行伸展发力。如果运动员已经完成了摆体伸展，但竿子还没有弹直，也会出现碰掉横杆的现象。

图2-14 悬垂阶段①

请注意，在弯竿阶段要密切观察竿子的弯曲度，因为过度的弯曲超过竿子的临界负荷可能会造成竿子折断的危险。还有一种情况是，运动员完成起跳以后，伸展转体动作并未完成，但竿子快速将运动员弹入垫中后部，这就是前面提到的摆体速度和竿子反弹速度不一致的现象。运动员使用的竿子较小，这种情况需要通过更换更大一点的竿子来解决，以确保落在垫子的安全区域。因此，无论竿子的弯曲度大小如何，运动员的摆体速度都要和竿子运行速度保持一致，以便借助竿子的弹力完成过杆动作。撑竿跳高的每一个环节都是相互关联的，上一个环节的结束就是下一个环节的开始。

悬垂摆体阶段的技术表现如何，还取决于运动员前面的助跑速度和握竿高度，以及举竿、插竿、起跳技术。人体的水平运动速度是悬垂摆体的基础。

图2-15 悬垂阶段②

图2-16　悬垂阶段③

图2-17 悬垂阶段④

第六节　摆体伸展与转体技术

摆体伸展是从起跳悬垂衔接伸展及空中转体落地的技术环节。伸展路线是，通过左手用力往身体左上方向支撑，身体沿着右手方向进行伸展。伸展阶段是指人体由团体状态逐步伸展成直臂倒悬垂状态。这一阶段是人体利用撑竿弹性力量的主要阶段，其效果直接影响到运动员的腾跃高度和最终成绩。在摆体阶段包含两个转动：第一个转动是插竿起跳瞬间，人体以髋为轴的钟摆运动；第二个是人体沿着竿子的转动。这两个转动对应两个转动半径，二者是相互协调、相互影响的，共同构成摆体技术。

人体如何利用通过撑竿储存的能量？那就是缩短人竿转动半径，即增加撑竿的弯曲度，即加快摆体速度。注意，不要一味追求竿子的弯曲度大，竿子弯曲度大时，运动员必须具有很强的控制能力，并且在伸展阶段还要注意人体伸展方向，因为不是每一次反弹速度都完全一致。竿子弯度小时，对于运动员来说比较好控制，但是要求运动员提高摆体速度。因为竿子会快速复原弹直，所以人体摆动速度也要配合竿子的反弹速度，这样才能利用竿子的弹性。因此，摆动半径和摆动速度要协调好，同时考虑人与竿子反弹方向和速度是否一致，从而最大限度地利用竿子弹性。

在摆体伸展阶段，技术要求是头部稍低、微含胸，腰、臀、膝盖、脚后跟应尽可能形成直线，身体是倒立状态，这样有利于加速（参看图2-18）。人体继续向上腾起时，只能借助肩部和手臂发力，上身带动下身旋转形成转体过杆动作。这是运动员二次利用竿子弹性的技术点。这一阶段的任务是在加大撑竿弯竿作用力的同时，使运动员的积极转动速度与竿子反弹速度相贴合，尽可能使身体适时地达到良好的位置。转体技术与转体的速度直接影响连接动作的腾起高度。

图2-18　伸展①

撑竿在大幅弯曲后就会快速反弹，其反弹的力量大小与弯曲程度有关系。这里强调往身体的左侧支撑，原因在于，在实践中完成撑竿技术时，竿子并非在我们正前方位置，而是偏左一些，我们也是顺应竿子方向，沿着竿子右侧团身伸展。在伸展过程中，由髋部积极带动双腿向撑竿顶端伸展。伸展过程中，髋部逐渐靠近竿子，上面的手臂伸直，下面的手继续控制身体。团身时髋角最小，开始做引体和转体动作。

运动员在摆体阶段，要同时增加第一个摆动半径并提高摆动速度，这往往是不容易做到的。这个技术环节是提高运动技术水平的关键。在技术训练中，多数教练员为运动员指导技术时都会强调"注意往前上方支撑"。在技术还不成熟时，运动员都会表现出支撑不足和偏右支撑的情况，这与身体素质、助跑速度、上肢力量、支撑意识和偏向右支撑有关系。因此，教练员要强调运动员的支撑方向向左，与竿子的运动方向相吻合。在这个时期，伸直双臂、肩部和臀部、左腿应在同一斜线上。在摆体没有完成之前，左手都要保持支撑。此阶段身体摆动到竿子上形成倒立姿势，两臂伸直，继续保持弹性方向伸展，并积极配合做含下颚倒肩动作，以便控制身体在竿上的重心（参看图2-19和图2-20）。此时需要注意两点：第一点，眼睛不要看横杆，有意识地做后倒动作，因为看横杆会影响向上的伸展方向；第二点，右手贴着耻骨联合引体，肩部下压也是为了促使腿紧贴竿子方向伸展，借助竿子反弹力的方向进行转体。这种具有体操性质的动作是撑竿跳高技术中最复杂、最难掌握的技术环节。对于初级运动员和中级运动员来说，这个技术环节并不十分重要。空中倒立伸展技术和运动员掌握的体操技术能力有很大的关系。因此，运动员对竿子的掌控能力、利用竿子弹性的能力还取决于运动员的空中意识和身体素质，以及运动员掌握的体操技能。对于初级运动员来说，能够做到横杆中心位置过杆就比较好。在竿上保持平衡并越过中心点，随着能力的逐渐提高，不断完善摆体过杆技术。

运动员为了更好地完成技术，需要从基础训练开始，尤其要加强体操练习。这里有几个重要的辅助动作需要说明，不同的体操技术对应摆体的不同阶段。

悬垂阶段对应的练习是大回环，加强摆体。在体操训练中，大回环的练习过程是从悬垂摆动开始，到运用全身力量摆动发力完成动作。这个过程与起跳后运动员离地摆体的用力结构类似，非常接近悬垂摆体初期的发力方式。因此，大回环是培养运动员建立摆体速度的一个很好的辅助练习方法。在练习时，请务必在专业体操教练的指导下进行。伸展摆体阶段的辅助练习包括单杠摆体练习、吊绳悬垂摆体练习和吊环悬垂摆体练习等。

这些练习中有手部力量和握力的支撑，由于力量有所分解，因此降低了悬垂摆体的难度，使得运动员更容易完成动作。这些练习更接近摆体伸展技术，所以，在伸展阶段，它们是增强运动员控制能力和伸展能力的优秀辅助练习方法。摆体的伸展后转体阶段对应的练习是蹦床。蹦床练习中的直体团身转体下跟摆体的伸展后转体阶段非常相近。

以上推荐的练习方法对于运动员完成倒立悬垂转体过杆动作具有很好的辅助作用。

第二章　撑竿跳高专项技术　　57

图2-19　伸展②

图2-20 伸展③

转体动作发生在伸展结束后（参看图2-21至图2-23）。在转体过程中，人体需要绕横杆进行转体，此时头部向下，右手在上，左手在下。随着人体的上升，左手首先脱离竿子，随后右手也脱离撑竿。在这一瞬间，人体几乎处于无支撑状态，形成倒立面对横杆的姿势。当双腿越过横杆后，应积极下压双腿，同时收腹、含胸，形成弓身姿势（见图2-24）。

图2-21　转体①

图2-22 转体②

图2-23 转体③

图2-24　转体④

在进行转体时,可以有意识地延长过杆时间。髋部和双腿应在超越横杆后再进行引体转体,这一动作主要依靠手臂来完成,手臂成为支点。理论上,这一环节是惯性用力的过程。在推竿的过程中,需要积极有力地向下推手臂,这样可以增加向上的腾越动力。推竿完成的瞬间,手臂应顺势上抬并抬头,以确保整个身体能够依次顺利越过横杆。强调过杆过程中的顺序性是非常必要的,因为有运动员在身体已经完全越过横杆的情况下,由于手臂碰到了横杆,导致整个人体无法顺利过杆。

第七节　过竿与落地技术

实践证明，现代撑竿跳高技术掌握得越好，竿上最后表现的腾跃上升速度和水平速度也越明显。人体在推离撑竿后就进入无支撑的腾空阶段，此时人体重心的运动轨迹已经确定。因此，要合理调整人体各部位的运动状态，以确保人体的各部位能够有序顺利越过横杆。

世界优秀撑竿跳高运动员的腾越高度一般都在1米以上。这些运动员在竿上转入支撑时，会在推竿的瞬间两腿做压竿动作，同时急剧收腹、低头，使躯干在竿上弯曲，同时保持向上腾越的速度。过杆技术的质量在很大程度上取决于前几个技术环节的连贯性。因此，如果助跑、插穴、摆体等技术环节没有掌握好，这些问题在竿上都会表现出来。过杆时出现的侧倾现象，通常是由于肘关节偏离了前进方向所引起的。如果偏离较远，推竿时将导致身体向一侧倾斜或发生侧向翻转。在撑竿形变复原的瞬间，保持两臂、两腿和竿上摆体的方向与力的作用方向一致是非常重要的。这将有助于运动员在腾空的最高点形成一个最合理的腾越过杆姿势。如果过早地抬臂、抬头，虽然不会改变人体重心的运动轨迹，但却可能因相向运动而使臀部的位置下降，从而极易碰落横杆，导致失败。最理想的过杆姿势是运动员完全处于竿上的倒立姿势，其中引体和转体是连贯的用力过程，不应有任何停顿，同时两手应处于直接向下推竿的位置（参看图2-25至图2-29），这样可以增加向上的动力，从而提升腾跃高度。在右臂推离撑竿时，应向上抬起右手臂，以避免碰落横杆。落入垫子时，运动员应注意安全，尽可能让背部柔和地落在海绵垫上。

在比赛中，我们有时会看到一些运动员在各个技术环节都表现得很顺利，但在伸展阶段未完成转体过杆时却将横杆打落，或者有些运动员完成了转体过杆，甚至在竿上还高出一定的高度，但在下落时身体却将横杆撞落。这些运动员过杆失败的原因并不在于助跑、起跳、摆体等技术上的错误，而是出于以下两个原因：一是摆体速度与竿子弹直速度不一致（参见本章第五节悬垂与摆体技术）；二是撑竿跳高架的摆放位置不当。因此，撑竿跳高架的距离绝非无关紧要，而应视为完整技术中不可分割的一部分。撑竿跳高架前后移动的距离在不同情况下是有所变化的。例如，当天的竞技准备状态、竿子的大小、距离的长短、跳跃的高度以及风向等因素都会对架距产生影响。建议在初期训练时采用过远杆的方法。在初期阶段，由于使用的竿子较小、助跑距离较近，因此应指导运动员大胆完成过远杆技术动作。降落得远一些可以更好地提升运动员的助跑速度和向上支撑力量。这看似是一个辅助练习，但实际上却能帮助运动员跳得更高。在技术成熟阶段，也需要通过反复过杆跳跃的实践来观察身体重心在最高点时的部位，并据此判断撑竿跳高架的位置。一般来说，架距移动范围在45~80厘米。

总之，要取得撑竿跳高的优异成绩，不仅需要具备良好的身体素质和心理素质，还需要熟练掌握复杂技术，并确保各个技术环节之间的紧密衔接与配合。

图2-25 过竿①　　　　　　　　　图2-26 过竿②

图2-27 过竿③ 图2-28 过竿④

图2-29 落地过程

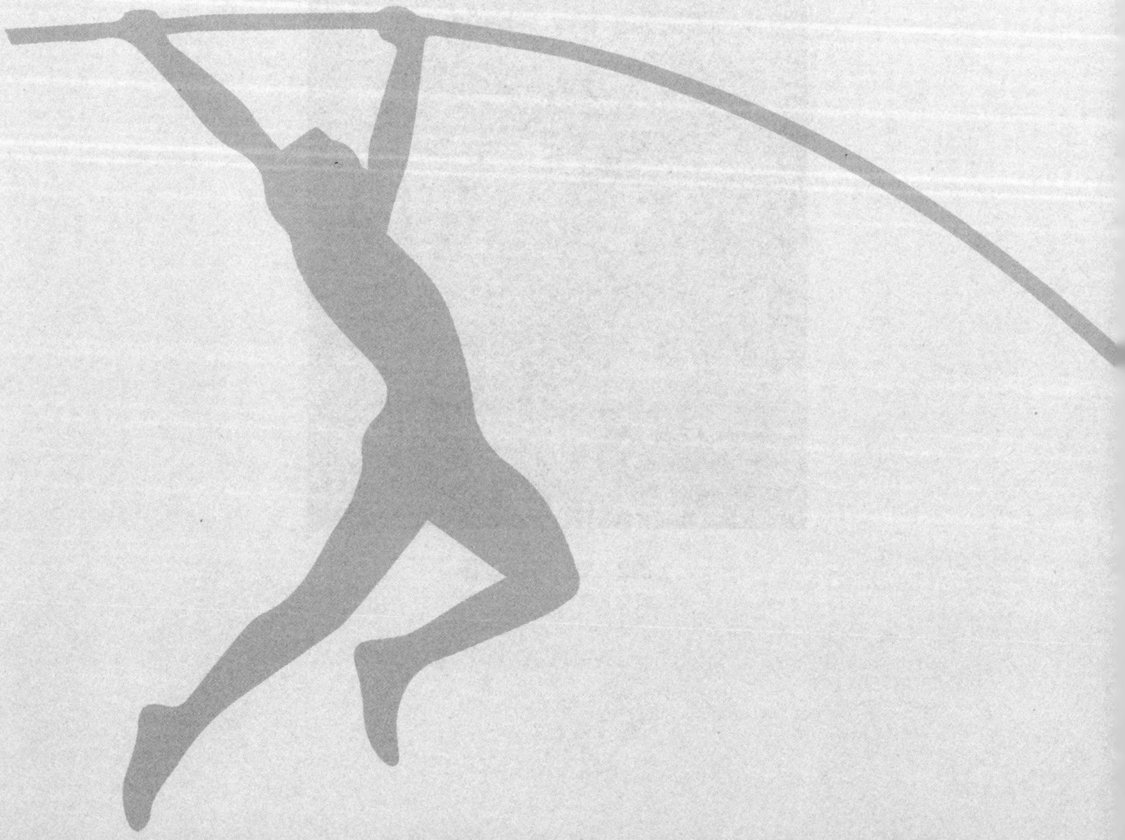

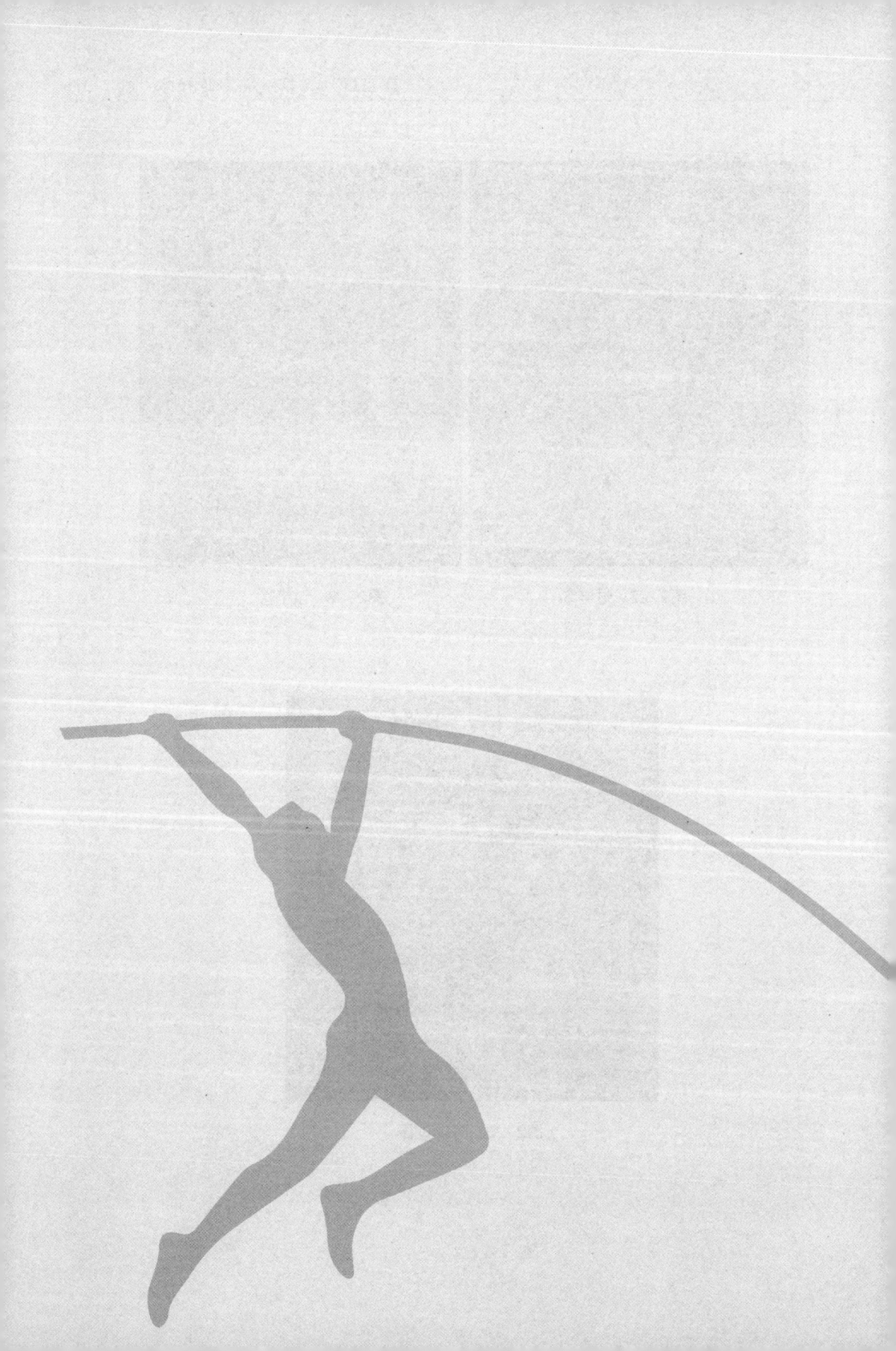

第三章 教练员教学指导与技巧

按照一般规律，竞技体育训练直接和间接涉及的学科有数十门，所涉及的理论越深刻，训练的科学化、综合化程度就越高。当今我们不可能要求教练员成为门门精通的学科专家，但是教练员需要对运动训练的基本理论、训练原则和训练方法、运动心理学以及该项目所涉及的专业技术理论知识进行熟练掌握与运用。这样教练员才能够带领运动员提高竞技水平。

自20世纪60年代玻璃纤维竿问世到20世纪80年代，撑竿跳高这个项目得到了很大的发展，竞技运动水平达到了相当的高度。近十年来，无论是国际撑竿跳高还是国内撑竿跳高，竞争都在不断加剧，男子突破6米高度的人数逐渐增多，而女子撑竿跳高经过多年的发展，竞争激烈程度更甚。目前中国能够跳跃过4.55米高度的女子撑竿跳高运动员有6名，这个高度在2014年以前只有一名运动员能达到。目前国内女子撑竿跳高的整体竞技水平已经得到了很大的提升。这促使教练员要适应当下的发展形势，深入学习专项理论和其他相关理论。

从本质上讲，撑竿跳高这个项目的复杂性在于，它不同于其他田径项目，需要人体借助撑竿完成从持竿助跑到插竿起跳、离开地面、悬垂摆体、转体过杆落地的连续技术动作。如果教练员缺乏专项教学经验，教学方法不当，极有可能带来一定的危险，所教的技术动作如果不规范，对运动员就有潜在危险，尤其是插竿起跳这个重要技术环节，技术意识一旦形成，就很难改变最初形成的技术习惯，看似细微的技术差别，最终会影响运动员水平的提高。

运动员需要经过较长时间的训练才能熟练掌握撑竿跳高的完整技术，在训练过程中也需要运动员对技术问题进行梳理与处理。在撑竿跳高技术训练中很难保证不会出现危险，因此在训练中教练员对运动员的指导很重要。教练员要建立正确的技术概念，在传授技术的过程中要让运动员按照自己的意图去执行，要与运动员良好沟通，要准确把握运动员的竞技状态和心理状态，争取运动员的积极主动配合。教练员与运动员之间既是简单的指导与被指导的训练关系，又具有多维度关系。

第一节　专项技术训练过程中的教学技能

教练员的工作就像是对运动员进行精心的雕刻，这个过程中需要持续的观察和总结。一名合格教练员所具备的知识体系并非单纯来源于理论或实践，而是二者的巧妙结合。运动员的竞技水平直接体现了教练员知识体系的综合运用效果。

制订训练计划和调整运动负荷是评价教练员能力的重要指标。作为经验丰富的教练员，在解决运动员遇到的问题时，不能只看问题的表面现象，而要深入找出问题的根源。在教运动员专项技术时，应以鼓励为主，同时采用简单易懂的方法组织练习，以便使学习过程更加轻松，从而激发运动员的学习兴趣和信心。这是优秀教练员在分享复杂技能学习过程中提到的成功经验。

在运动员掌握基本技术的过程中，每个人的学习进度和遗忘速度都不尽相同。有些运动员学习技术快但遗忘也快，而有些运动员虽然学习进度慢，但一旦掌握技术就较为稳固。即使是训练多年的运动员，也可能会遇到技术不稳定或发展停滞的情况，这是技术学习过程中的正常现象。此时，教练员需要保持耐心，而运动员也应正确对待技术水平的反复，不能急躁，需要反复磨练并与教练员共同探讨问题的根源，是身体素质不足还是技术理解不到位？

如果运动员总是犯同样的错误，而教练员一再重复指出这个问题，却没有看到运动员也在努力改进，这可能会让运动员感到沮丧，甚至产生心理认同障碍，不利于技术的改正。针对这类问题，教练员应尝试采用不同的表述方式来解释和解决同一个问题，可以请队友提醒，或者请其他教练员协助，甚至可以通过将优秀运动员的技术视频与该名运动员的技术视频进行对比来

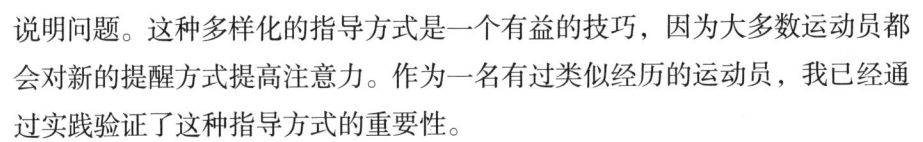

说明问题。这种多样化的指导方式是一个有益的技巧，因为大多数运动员都会对新的提醒方式提高注意力。作为一名有过类似经历的运动员，我已经通过实践验证了这种指导方式的重要性。

教练员在执教时，必须遵守循序渐进的原则，即从简单到复杂，从容易到困难。训练应从诱导性练习开始，逐步过渡到基本练习，最后再进行完整的技术练习。总之，教练员应根据运动员的个人特点、训练水平和掌握动作的能力来制订具体的训练方案，并在训练中灵活采用多种方法。

在此，笔者总结归纳了九个方面的教学指导建议和技巧，以帮助教练员顺利开展教学训练工作，使运动员更好地掌握撑竿跳高的完整技术。

一、不同阶段的技术训练重点

教练员在面对初级水平的撑竿跳高运动员时，应向他们简明扼要地讲解技术要领，并进行动作示范。这样可以让运动员明确他们努力的方向，以及每个阶段需要达到的具体目标。这有助于运动员形成一个大致的动作技术轮廓。

在这个初级训练阶段，主要任务是帮助运动员树立信心。技术训练内容主要包括熟悉持竿助跑、短程技术、短程插竿起跳和使用小竿子的直竿起跳过杆等。这些技术的强度和难度相对较低，主要是为了加强撑竿跳高的基础技术练习。牢固的基本功是未来高水平发展的基础。

随着运动员进入练习发展阶段，他们基本上具备执行起跳弯竿技术的能力。在这个阶段，如果教练员自身无法标准示范和准确描述，也找不到更好的示范者，可以组织运动员观看优秀运动员的技术视频和比赛视频来学习。这样可以让运动员从最初就建立正确的技术表象。此外，还可以将运动员自己的训练技术视频与优秀运动员的技术视频进行对比。此阶段训练的重点是建立正确的技术动作，并鉴别可以纠正的部分动作。经过这个阶段的练习后，运动员已经掌握了基本技术。教练员应让运动员形成动作意识，并培养自我纠错能力，使他们能够区分正确和错误的技术，并在技术练习时能够及时进行自我反馈或向教练员反馈。

这个过程可能需要数月甚至几年的时间。运动员在专项技术训练阶段的目标就是插竿起跳达到"自动化",此时就可以进入更高阶段的训练了。

在高级训练阶段,随着技术水平的不断提高,运动员的竞技状态基本稳定,其技术动作也更加自动化。在这个阶段,运动员需要在多种类似于比赛的环境中保持自己的高水平。此时,运动员对技术有了深入的理解,可以有效地进行自我评价。然而,在一定阶段内,运动水平的提升幅度可能会变小,甚至会出现停滞不前的现象,这属于正常现象。

更高的运动技术水平需要更好的身体素质和机能状态,运动员身心素质及技战术协调发展、共同提高,才能在高水平上实现突破。当运动员水平停滞不前时,教练员需要进一步学习,反省自己的指导水平,也可以根据运动员出现的问题,在理论研究中寻找解决方法。

学习应贯穿于教练员的整个执教生涯。不同运动员会出现不同问题,这为丰富教练员执教生涯的教学指导经验提供了素材,使教练员在实践中成长。执教的经验如同运动员的训练成长一样,实践与理论的结合会丰富执教经验,使解决问题的方式更加正确。

关于不同阶段的训练重点,以我国女子撑竿运动员徐惠琴为例,她出生于1993年,是浙江籍运动员。在2021年东京奥运会上,她在女子撑竿跳高项目中跳出了4.50米的高度,获得了第八名。她的最好成绩是在2019年7月17日的德国约克格里姆撑竿跳高专项赛中创造的4.70米。同年8月25日,她在西班牙马德里田径赛中跳出了4.61米的高度。2021年6月25日,她在全国田径锦标赛中跳出了4.65米的高度。而到了2024年3月3日,她在全国室内田径锦标赛(西安站)中则跳出了4.30米的高度。

徐惠琴自2006年开始跟随浙江队的金涛教练进行撑竿跳高的专项训练。从她的运动生涯中我们可以看到坚持和努力的重要性。在长达12年的训练时间里,她的水平始终没有突破4.50米,但她并没有放弃。最终在2019年,她迎来了突破,达到了4.70米的世界级水平。截至2024年,徐惠琴31岁了,对于田径运动项目来说已经是老运动员了,金涛指出,老运动员的训练方法要以强度为主,训练方法的运用要做到以最少的消耗取得最大的训练效果,在比赛中以高度取胜。这个案例告诉我们,在高水平训练阶段,运动员需要坚持，在保持已有水平的同时不放弃任何突破的机会。

参考多数田径运动员的专业专项训练年限数据我们发现，在高水平阶段坚持训练6-10年的运动员占多数，而能够坚持10-15年的运动员并不多，能够坚持15-20年的运动员更是凤毛麟角，这已经是运动员职业生涯中的极限了。对于教练员来说，15-20年的执教生涯正是他们的黄金时期。但前提是教练员需要不断地更新自己的相关知识，重点解决运动员出现的问题，在此基础上想办法激发高水平运动员的训练动机和热情，帮助他们在有限的运动生涯中达到自己的最佳水平并实现理想。

二、模仿练习与实践相结合

无论你是什么水平的运动员，都要将专项技术模仿贯穿整个运动生涯，这是许多成功运动员的共同经验，这对于其他专项技术来说也是一个有益的启发。专项技术模仿是掌握和巩固专项技术的有效辅助方法。模仿练习包括：原地顶竿练习、行进间举竿练习、三步行进间插竿举竿练习、杠铃举竿练习、短程插竿起跳、地面推竿转体模仿、跳台三步弯竿摆体转体、短程摆体等。然而，运动员完成了模仿练习并不意味着真正掌握了技术动作，还需要在跳跃的实践中进行转换运用。只有能够将这些技术熟练地转移到专项技术上，并且能够在实践中熟练运用，才算是真正掌握。技术模仿和技术训练应该交替进行，这样的结合能够帮助运动员更快地体会技术动作的结构，领会技术要领，掌握基本技术，从而提高对专项技术的熟悉程度。

三、摆体阶段练习中慢动作与快动作相结合

运动员在最初学习技术时，通常为了达到技术要求，动作速度会有所减慢，这对掌握技术有一定的帮助，利于运动员巩固技术、体会动作要领。但

从技术的长远发展来看，动作速度还是很重要的。例如，要培养运动员在竿上控制身体的协调能力。运动员可以做正常速度的弯竿摆体后倒动作和短距离助跑、慢速度的摆体后倒动作，即直竿摆体练习。二者距离不同，握竿高度不同，在做摆体练习时速度也不一致。

短程直竿摆体技术主要体验摆体过程中伸展阶段人体与竿子的贴合，以及插竿起跳技术与摆体的衔接，可以通过技术模仿来完成。但它与弯竿摆体技术和完整过竿技术还有一定差距。弯竿摆体虽然也是技术模仿，但这个动作最接近完整技术，是培养运动员在摆体过程中身体控制能力的重要练习手段之一，也是运动员掌握和改进专项完整技术的有效手段之一。直竿摆体练习则是为了培养运动员在竿上控制身体重心的能力，并体会做举腿动作时的肌肉感觉，最终目的还是完成完整的摆体过杆技术。

四、过远杆技术练习方法

为了掌握和改进完整技术，中国老一代撑竿跳高教练员会在运动员训练过杆技术的初期建议他们握竿高度不要太高。具体做法是将横杆放远、放低一些来进行过远杆的训练。随着起跳技术的不断熟练，再逐步将横杆升高，提高握竿点，最后逐步过渡到正常架距的位置。这样的练习对初学者来说很有效果，不仅可以增强往前跳的意识，还可以加大摆体幅度，帮助运动员大胆完成过杆技术。

在青少年训练初期，这种方法对于掌握完整技术的效果尤为明显。在进行撑竿跳高过远杆训练时，运动员需要注意积极做摆体动作，掌握引体、转体、推竿的时机。由于横杆离起跳点比较远，因此要求运动员将注意力集中在最后几步的助跑速度上，并在完成起跳后积极做向前上方摆体的动作。

五、不同距离的助跑相结合

集中精力掌握或改进基本插竿起跳技术，可以采取短、中距离的助跑方法。经过反复多次的跳跃练习后，随着专项技术能力的逐渐增强，中短距离的起跳技术也会变得比较熟练，此时再逐步增加助跑的距离。在最初练习的几年里，掌握和巩固技术尤为重要，基本功扎实了，运动生涯中保持高水平状态的时间才会更长。从已经创造纪录的优秀运动员来看，比如男子撑竿跳高运动员布勃卡、俄罗斯的女子撑竿跳高运动员伊辛巴耶娃，以及中国女子撑竿跳高运动员高淑英、李玲、徐惠琴等，他们在这个项目上保持了10年以上的高水平竞技状态。而且，他们的运动生涯远超很多其他运动员。

六、辅助练习与专项练习相结合

在掌握完整技术的过程中，除了进行不同距离起跳的过杆技术练习外，还可以辅助进行中距离起跳触碰悬吊物的摆体练习。这种练习有利于运动员体会撑竿摆体技术动作的节奏，并提高专项技术能力。此外，原地高台摆体过杆技术练习也是一种有效的辅助练习方法，虽然这个练习中的动作速度比实际跳跃的动作速度慢，但它能帮助运动员更好地体验摆体技术。

七、技术练习要精益求精

运动员练习或改进技术，其实是在进行技能学习。技能学习需要神经系统和大脑记忆的参与。每当我们进行技术训练时，上一次的记忆会被用来指导身体再次执行相应的动作。随着训练时间和运动量的积累，这个动作会变得越来越清晰，形成准确的记忆，并在需要时可以随时调用。大脑对特定技术或动作会形成"自动化"反应，这也可以被看作是一套动作指令或技术程序。这样的技术程序在初步形成后，随着不断的发展，可以变成习惯性动作。因此，教练员要强化正确动作，只有把练习重点放在正确的技术上，精益求精，同时鉴别出可能需要纠正的部分，练习才能够取得良好的效果。

另外，动作"自动化"的形成，除了要求在技术练习时精益求精外，还要严格执行训练计划。除非特殊情况，否则不应轻易改变训练计划中的要求和强度。运动员也应该认真、自觉地执行训练计划，完成教练规定的训练强度。比如，一次课的跳跃技术计划是35次，如果运动员在每一次的技术跳跃中都能以积极的心态和认真的态度去尝试，那么对掌握、熟练和巩固技术将大有益处，同时也能形成良好的技术训练态度。

八、改进技术时突出重点

运动员在掌握基本技术以后，运动竞技水平的逐渐提高是通过增加助跑距离、提高握竿高度和换用更大磅数的竿子来实现的。在这个过程中，插竿起跳技术作为撑竿跳高的核心专项技术，是教练员和运动员在整个训练过程中需要重点掌握、改进和强调的技术环节。

助跑距离、握竿高度和竿子的变化，其中任何一项的改变都会使运动员在插竿起跳过程中拥有不同的技术体验，都需要一个新的适应和磨合过程。完美的插竿起跳技术，其起跳动作应该是自动化的，运动员完成撑竿跳高技术动作也就在一瞬间。撑竿跳高的技术特征是各个环节相互关联、互相转化，一旦形成了技术习惯，再进行大的改动会很困难。这就是前面章节提到的，在初期掌握技术时，形成良好的技术习惯对整个训练过程的重要性。

鉴于这样的技术训练特点，在解决重点问题时，需要妥善处理好问题技术同其他技术的关系，不能完全否定原技术或做出很大的技术改动，否则可能会导致运动员原本建立的整体技术结构遭到破坏，甚至可能出现运动员不会起跳的情况。在处理当前主要技术问题的时候，也一定要预见到矛盾的互相转化以及进行技术改动时可能出现的新问题，然后根据各个时期技术中出

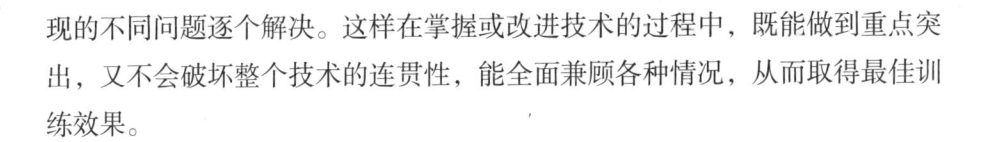

现的不同问题逐个解决。这样在掌握或改进技术的过程中，既能做到重点突出，又不会破坏整个技术的连贯性，能全面兼顾各种情况，从而取得最佳训练效果。

九、以赛代练，增加训练强度

在掌握完整技术后，运动员进入专项强化阶段，此时应多参加比赛。若比赛机会较少，可以通过测验和模拟比赛的形式来增加运动员的专项训练强度。这种方法能够激发运动员训练的积极性，增加他们的紧张程度和兴奋性。同时，它还能帮助运动员在复杂多变的环境中完成技术动作，从而增强自信心，坚定必胜信念，并积累实战经验。这种方法在现在的训练中已被广泛采用。目前，世界上一些优秀的田径运动员在赛前依然会进行大强度的训练，他们赛前的训练和平日训练并无明显区别，并能在比赛中正常发挥运动水平。科学安排赛前训练的运动负荷是取得优异成绩的关键。

采用以赛代练的方法时需要注意，必须考虑运动员的年龄、训练阶段以及训练水平等情况。频繁或单一地使用比赛练习法是不适宜的。教练应根据运动员在各个训练周期的训练任务，综合性地运用这种方法，如此才能取得良好效果。

第二节　教练员与运动员互动

对于教练员来说，指导运动员训练以及交流技能技术，是建立在良好互动基础上的有效沟通。在互动中，教练员要表达对运动员的兴趣和尊重，不仅要教授技术动作，还要得到运动员的认可。教练员要明白，不是每一个运动员都能成为优秀运动员，但是只要他积极参加训练，保持对项目的兴趣，并一直坚持训练，他就能够最大程度地发挥自己的潜在能力，有机会成为优秀运动员，而你也能成为一名优秀教练员。

作为教练员，无论你有多么丰富的教学经验，都需要不断地学习，而且是向任何人学习。你永远不知道别人给你提供的信息会对你有什么启发意义。教练员还要鼓励运动员多提出问题和学习。

教练员要和运动员保持开放性的对话。运动员取得的优异成绩，是教练员和运动员相互信任、共同努力的结果。尤其像撑竿跳高这样复杂的项目，如果教练员没有丰富的专业经验，没有对训练特点与规律的准确把握，是很难带出一名高水平运动员的。教练员和运动员之间需要有效沟通，运动员要及时把自己的信息反馈给教练员，让教练员及时掌握技术动作情况和思想情况。事实上，反馈的作用是很大的，不仅能够激发运动员的训练动机，还可以对教练员制订计划的合理性进行检验。运动员及时反映自己的思想状况，也能减少训练中可能出现的误会。

在对我国部分优秀撑竿跳高专业队的运动员进行访谈时，我们发现大多数专业运动员都是从青少年时期就开始训练了。进行专业训练之后，他们与家人团聚的时间屈指可数，和教练员的交流时间则超过了与父母交流的时间。在长年累月不间断的训练和比赛中，教练基本就承担了父母的角色，队友就是自己的兄弟姐妹，有时也和队友交流经验。教练员对运动员方方面面的影响都很大，因此彼此的沟通和信任很重要。教练员和运动员如何沟通呢？教练员采用不同的表达方式，运动员就会有不同的领悟，执行计划时可能就会有误差。因此教练员必须把握好互动与沟通的方式，下面分析几个有参考价值的技巧。

一、练习技术时的沟通交流技巧

运动员在学习或改进技术时，每进行一次跳跃，都应该对教练员强调的技术要领有新的体会，尽力按照教练员的要求去完成跳跃。若一次没有达到

要求，要和教练员商讨解决问题的方法和途径，并在教练员的协助下及时总结每一次跳跃的经验，逐渐形成清晰的技术意识，自我纠正，边训练边思考，避免不假思索地盲目对待每一次跳跃。只有这样，才能提高技术训练的质量。

二、练习技术时双方的表述技巧

很多时候，教练员给运动员下达一个指令，运动员会立即回答"好的，明白了"，但是教练员发现运动员依然还存在之前的问题，没有任何改变。这说明运动员还没有真正理解教练员的指令。这是运动员技术学习过程中的正常现象，因为运动员在训练初期理解能力比较欠缺。对此，教练员可以采用这样的语言描述："你看，这个动作你想试试吗？还是想再看一下示范？"如果运动员在训练中准确完成了动作，应当给予肯定，"对，就是这样，记住这个技术，就是这样的"。即使运动员还没有明白你的指令，你也不能放弃，要持续鼓励运动员，尝试采用其他方法去继续处理这个问题。双方通过这样的交流，运动员的技术将不断成熟，但教练员在交流时需要注意，在同一个问题上不要每天重复说。最好的问题处理方式就是通过训练方法来解决，先进行语言表达，然后通过反复的实践来解决问题，多说不如一做就是这个道理。

三、改进技术时使用训练方法，减少语言描述

运动员具备良好的、全面的身体素质是提高专项技术水平的基础条件。尤其是在撑竿跳高这个项目上，如果没有较快的助跑速度、强有力的起跳能力，要在摆体阶段做出完美技术动作是很困难的。运动员在训练中出现的问题多数跟身体素质水平有关，身体素质没有达到专项要求，即使知道技术问

题出在哪里，也难以改正。因此，运动员掌握技术需要不断地实践，多维度、多角度反复磨练和体会，并在思考的基础上发现并解决问题。过多地用语言描述、讲解技术动作的构成，只会让运动员不知所措，在实践中效果不明显。

由于每个运动员的体型条件和身体素质各不相同，所以要发挥运动员的特色，就要结合运动员的具体情况在实践中不断摸索和总结，与运动员恰当交流，探索适合不同运动员的训练模式。

四、建立安全训练环境

建立安全训练环境离不开两点，一是合理规范的技术，二是符合标准的垫子和竿子。撑竿跳高运动员如果没有合理掌握规范的技术，当身体离开地面后，不论是在起跳环节还是在过杆技术环节，都是有一定危险因素存在的。因此，教练员要提示运动员在练习中学会自我保护。

例如，运动员有时起跳向前的力度不够，为了防止掉在坑外，除了教会其自我保护外，还要提示运动员遇到这种情况不能松开手中的竿子，要朝着垫子方向落地。如果在垫子以外的地方落地，注意降低重心等。必要时，教练员站在运动员起跳点附近，在运动员恰当的身体部位施加推力，以帮助其起跳向前。久而久之，帮助运动员树立自我保护意识和积累安全经验，在不知不觉之中改进起跳不向前的消极动作，消除危险动作。

标准的垫子和适合运动员使用的竿子都是建立安全环境的重要因素。在部分辅助练习中，如体操练习，也要提醒运动员增强保护意识，教练员和运动员都要提高警惕，防止意外发生。

第三节　持竿助跑教学与助跑力学分析

　　撑竿跳高这个项目从物理力学上分析，就是动能转化为弹性势能的一个运动项目。动能的大小取决于运动员的助跑速度，弹性势能的大小取决于握竿高度，这样我们就可以理解为什么撑竿跳高的成绩由助跑速度和握竿高度决定。前面我们提到中国运动运员突破的关键方法是，加强助跑速度和握杆度。如何突破？我们可以运用力学原理进行理论支撑。

　　假设在一定条件下，助跑速度越快，起跳技术合理，竿子储存的势能就会越大，当竿子变形复原时，就能产生更快的腾越速度，从而使运动员越过更高的横杆。竿子磅数越大，运动员握竿越高，但是运动员手中的竿子重量也会增加，尤其是在降竿过程中，两手感觉竿子重量很大，此时运动员为了平衡竿子的重量，就会出现持竿前倾或者后仰的现象。在减速、节奏不稳定、助跑不流畅的情况下，持竿无论是前倾还是后仰，都会对助跑速度产生影响。运动员在降竿的过程中，如果助跑速度不能维持竿子的平衡，就会放弃插竿起跳的动作，出现空跑现象。

　　我们可以利用持竿技术和力学原理来解决这个问题。

　　首先，掌握正确的持竿姿势。运动员保持挺胸，所持的撑竿靠近身体躯干，与身体合为一体向前运动，竿子的摆动幅度在运动员的可控范围内，这样可以借助身体力量减少手臂的持竿重量，不要因降竿、竿子改变运动方向，导致重力改变而影响助跑速度。手臂持竿幅度过大，并不会提高助跑速度，反而会影响助跑的速度和破坏助跑的节奏，而且也不利于降竿做插穴起跳动作。

　　其次，从力学原理上解决。我们暂且把上述助跑技术用"加速"助跑技术来描述。技术特点是：当运动员在助跑降竿时，随着竿子的下降，手中的竿子重力发生改变，抵消助跑的力量，为了不使手中的竿子在降竿过程中抵消助跑速度，或者避免撑竿的重量成为助跑中的"负担"，不影响助跑速度，运动员可以通过加快助跑速度去维持竿子方向和平衡竿子的重量。这是根据牛顿第二定律原理采取的对策，物体加速度的大小与作用力成正比，与物体的质量成反比，且与物体质量倒数成正比，加速度的方向与用力方向相同。这个原理也便于我们理解为什么有些运动员能够使用较大重量的竿子进行训练。

如图3-1所示，运动员在静止状态下模仿降竿，其手持大重量竿子，握竿高度较高，在竿子降平时，手中的竿子是很重的，在静止中，只有一个向下的力。根据力的分解原理，解决这个问题的方法就是采用加速助跑技术来维持竿子的平衡。在助跑中跑得越快竿子重量越轻就是这个原理。因此，助跑速度是撑竿跳高运动员很关键的一项素质。

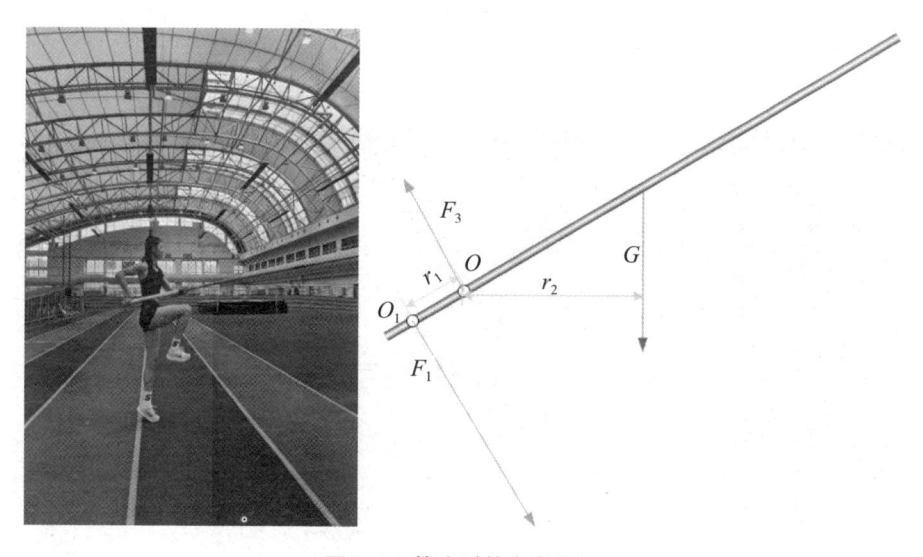

图3-1　静止时的力学分析

当人体在直线运动中，助跑速度加快，竿子下降后，撑竿的重量与原地模仿时竿子的重量是一样的，但是运动员在准备降竿之前如果持竿加速至最大速度，在惯性状态下降竿，那么运动员对竿子重量的感觉意识是有变化的，竿子有了向前的速度力量，那就是"轻了"。运动员在助跑过程中竿子有两个受力方向，向前和向下，其原理就是在速度作用下力的分解。

竿子受力如图3-2所示，G表示竿子的重力，O点和O_1点为运动员持竿的握点。在助跑过程中，运动员给竿子的力可以分解为F_1，F_2，F_3。F_1，F_3用以平衡竿子的重力G，F_2使竿子向前加速。根据牛顿第二定律公式

$$F_2 = ma$$

当速度提高到最高，加速度a为0，此时$F_2 = 0$，运动员付出的力达到最小，即感觉竿子变轻。

在降竿过程中，令F_1与F_2的合力为F，有力矩计算公式

$$F \times r_1 = G \times r_2$$

力臂r_2增大，而r_1不变，因此F必须增大，此时运动员感觉竿子变重。

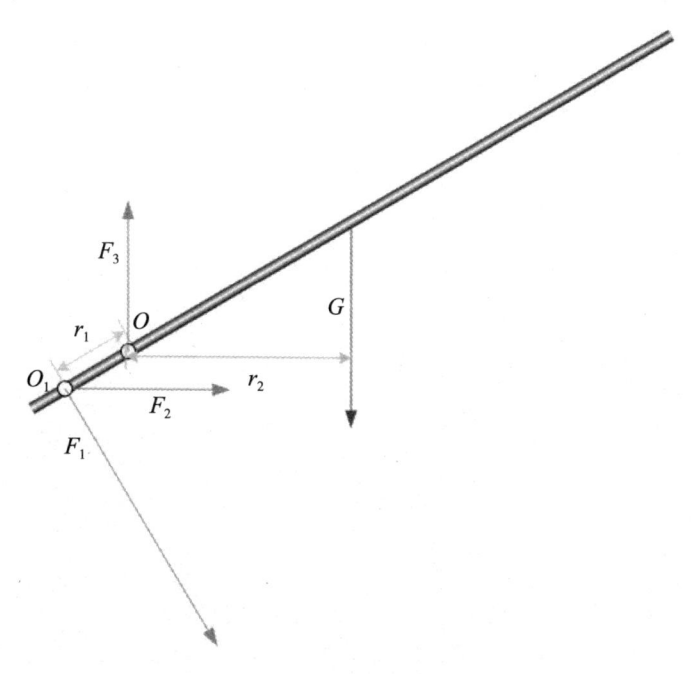

图3-2 撑竿跳高助跑时的力学分析

根据这个力学原理，运动员在助跑过程中增加助跑速度，突破心理障碍，在理论的基础上建立信心，运动员更换大一些的竿子时，可以根据这个方法消除换竿的顾虑，提高竞技水平。根据这个原理，运动员也可以在没有插穴的跑道上进行持竿跑练习，只有向前推力的时候，运动员可以把持竿助跑速度发挥到极限。

从心理上分析，我国撑竿跳高运动员普遍起步较晚，基本技术掌握不够牢固和娴熟，在换竿子时缺乏信心，包括很多优秀男子运动员也缺乏自信。要克服这样的心理状态，需要从运动员的基本助跑起跳技术寻求突破，树立较强的保护意识，提高运动员的信心，进而提高我国撑竿跳高的竞技水平，在世界大赛中实现奖牌的历史性突破。

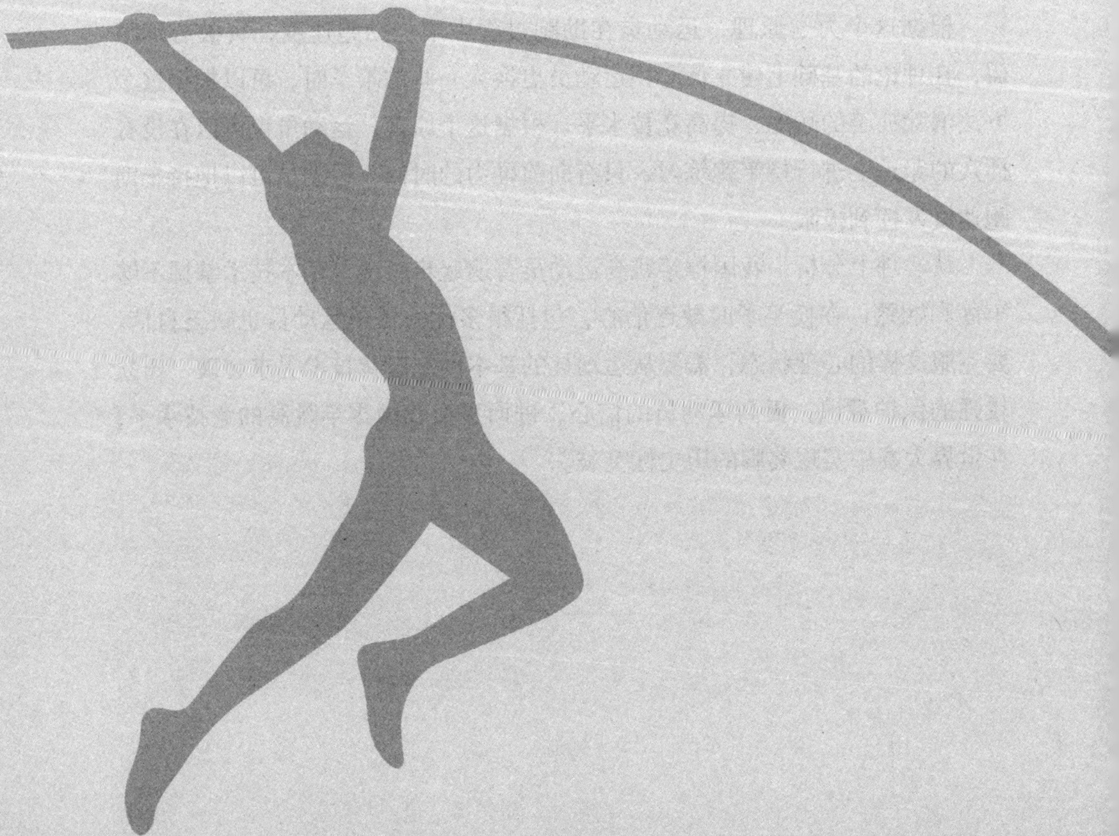

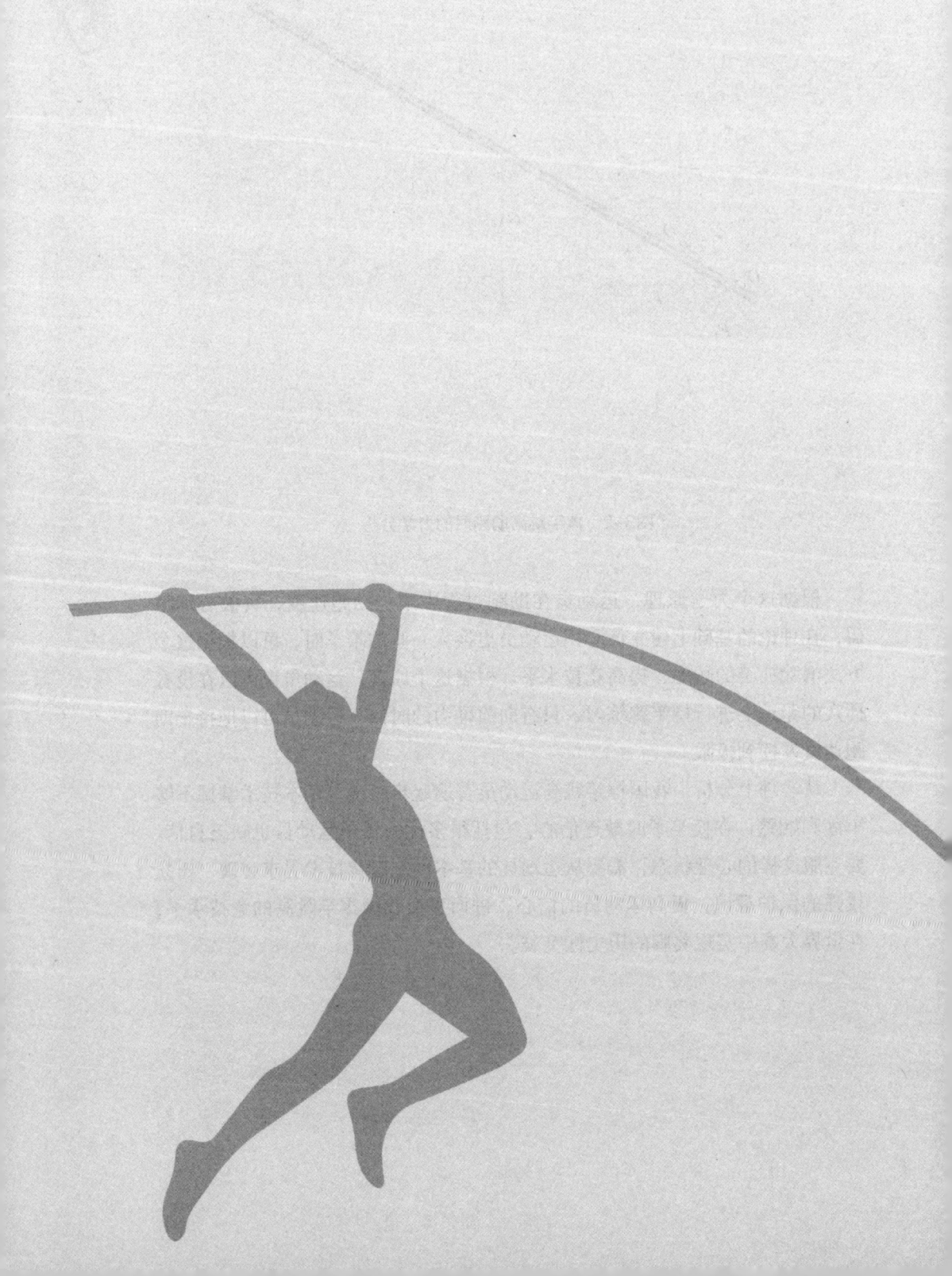

第四章 成为优秀撑竿跳高运动员

目前，世界上优秀撑竿跳高运动员的标准是男子5.90米以上，女子4.80米以上。要成为优秀运动员，需要了解撑竿跳高的技术特征，以及世界优秀运动员在比赛中展现的技术特点。世界上大多数优秀运动员除了具备快速的专项助跑能力外，起跳也非常连贯，摆体速度快，能充分利用纤维竿的弹性，能够使用大磅数竿子，并且握点高。要成为优秀运动员，就需根据这些技术特征去专注训练，并明确发展方向和目标。

撑竿跳高这个项目包括从持竿助跑到过杆落地等多个技术环节，技术结构复杂。在实践过程中，如果没有一定的相关理论基础，就很难掌握技术要领，难以在训练中准确领会教练员的指导意图，也难以对自己的技术和能力进行正确评价，从而难以在当前竞技环境中胜出。如果对技术的理解存在偏差，在训练中盲目执行命令，往往会增加训练难度并延长学习技术动作的过程。良好成绩的取得是由多种复杂因素决定的，成才的因素既复杂又单一。

说成才的因素复杂，是因为运动员不仅需要掌握先进的专项运动技能，还需要掌握与专项相关的理论知识，以及与运动相关的其他学科知识，如运动心理学、运动损伤学、运动营养学等。这是一个复杂的系统，有理论作为基础，可以减少运动训练中的疑惑，能更准确、更快速地解决训练中的问题，并增强理解能力，更方便和教练有效沟通。

说成才的因素单一，是因为运动员在训练时需要明确为什么要这样训练，解决的是什么问题，以及发展的是何种能力。还要清楚自己的优势能力是什么，存在哪些不足之处。运动员在训练中思考有助于积累更多的训练经验，提高自己的技战术水平。

由此可见，撑竿跳高运动员不仅要重视实践，还要掌握该项目的技术知识，以提高运动竞技水平。关于如何成为优秀的撑竿跳高运动员，本章主要分两个章节、五个方面来叙述。

第一节 理论是提高运动水平的基础

一、不间断的理论学习，是保持技术水平的基础

要成为一名优秀运动员，学习相关理论知识很重要。体育理论知识可以帮助运动员更好地理解教练员的意图、解决与训练相关的问题。知识可以扩宽眼界，带来多维度思考问题的方式，更利于解决训练中出现的问题。有教练员建议，运动员要养成随身带小笔记本的习惯，每当坐在撑竿跳高坑旁细致地琢磨别人的技术时，或者学习相关理论时，都要随时把别人技术上的优点记录下来。甚至在日常生活中也要善于观察，并进行记录。平时注意点滴材料的积累，可以逐步培养和提高运动员观察事物、调查研究、思考问题的能力。运动员要保持理论知识与技术并行发展，这是提高运动水平的基础条件。

理论在辅助训练方面的重要作用已经得到证实。目前我国多数撑竿跳高运动员存在理论学习不足、不系统的问题。有些运动员是在职业技术学院进行专门的训练，这意味着大部分职业技术学院还是以训练为主，理论学习时间安排得很少。

要成为优秀运动员，理论是不可或缺的。如果片面地认为理论与训练有冲突，那么可以看看下面两名运动员的例子。

亚洲纪录创造者高淑英来自上海体育大学，通过与她交流我们得知，她在大学期间学习的课程和其他同学没有区别，文化学习并没有影响她训练水平的提高。高淑英在运动生涯中良好的竞技状态保持了10年以上。

另外一名撑竿跳高运动员李玲来自北京体育大学，如今她已经是30多岁

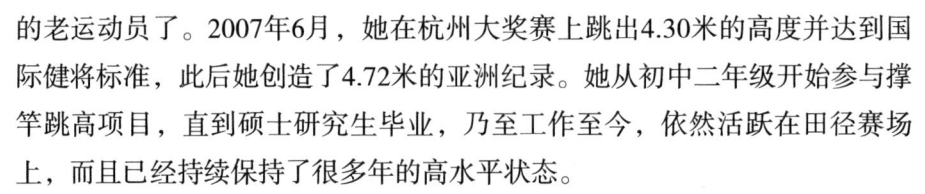

的老运动员了。2007年6月,她在杭州大奖赛上跳出4.30米的高度并达到国际健将标准,此后她创造了4.72米的亚洲纪录。她从初中二年级开始参与撑竿跳高项目,直到硕士研究生毕业,乃至工作至今,依然活跃在田径赛场上,而且已经持续保持了很多年的高水平状态。

我们可以看到,高淑英和李玲在体育专业院校进行了系统的、全方位的体育理论学习和运动训练,训练与学习同步进行,她们并没有因为读书而耽误运动训练,反而运动水平逐年提高,取得了优异的比赛成绩。她们的体会是:训练和文化学习之间并没有冲突,反而文化学习对枯燥的训练生活有调节作用。文化学习与训练同步不仅延长了她们的运动生涯,而且使她们长期保持高水平状态。她们的成功经验值得教练员与运动员借鉴和学习。

二、多看优秀运动员的技术视频、比赛

除了进行理论学习外,学习优秀运动员的技术,以及观看优秀运动员的比赛,也是提高撑竿跳高运动员运动水平的有效方法。世界优秀运动员也会现场观看比赛、阅读相关书籍、与该专项的其他教练员交流、观看比赛视频、录制自己的视频,并记录分析,探讨技术和训练问题,这些都有助于提高训练水平。

现场观看比赛或观看技术录像对运动员掌握动作技能具有重要作用,这一作用远远大于心理演练。在观看优秀运动员的技术录像时,优秀运动员展现的技术模式会给运动员留下深刻的印象,这不仅可以增强运动员对技术的的认识,还能让他们看到自己与优秀运动员的差距,从而激励自己不断地挖掘潜能和改进不足之处。

多看优秀运动员的训练和技术录像是很有帮助的。在学习中,运动员可以将自己的技术动作与国内外优秀运动员相对照,从中找出技术差距,学习别人的技术长处。这不仅能锻炼运动员的独立思考能力,还能培养其辨别国内外优秀运动员的技术风格与特点的能力。通过学习,运动员可以对技术有

正确的判断，有利于迅速形成正确的技术概念，对于项目的发展状态与趋势也可以准确判断，而且能避免训练的盲目性，进一步确定自己的努力目标与方向。

在访谈我国部分优秀女子撑竿跳高运动员时，我们了解到经常观看优秀运动员的技术录像是她们训练之余的重要活动。例如，第15届亚洲田径锦标赛冠军乌莎和十运会女子撑竿跳高冠军赵莹莹，她们经常观看自己的技术录像，并与世界优秀运动员的技术录像进行比较分析，从而发现自己的不足，确定哪些环节需要完善。通过观察学习，她们在改进技术的过程中取得了良好的效果。

实践证明，经常观看优秀运动员的技术录像对于学习复杂的撑竿跳高技术是有帮助的，这个问题应该引起教练员和运动员的重视。

三、勤于思考和总结经验

运动员不仅要苦练，而且要巧练，这两者必须有机结合。训练中，我们要求运动员学会深入思考，也就是说，每次进行技术练习之后，都需要静下心来反思：今天掌握或改进的技术动作的要领是什么？这样能够帮助他们发现自己技术上存在的问题。

此外，运动员还应该经常总结经验，摸索训练的规律。例如，每次技术训练结束后，无论练习的成果如何，哪怕只是一个简单的动作，都应进行深入的思考，分析练得好或者不好的主要原因。运动员应该带着问题上运动场，同样也要带着问题回来，以培养自己独立思考的良好习惯和解决问题的能力，这一点至关重要。

第二节　中外运动员技术水平的比较

一、不同国家撑竿跳高运动员的主要技术差异

目前，世界撑竿跳高技术上主要分为两个流派：俄罗斯技术和法国技术。其代表人物分别为布勃卡和杜普兰蒂斯（表4-1）。

表4-1　世界撑竿跳高不同技术流派代表人物的差异

代表人物差异	助跑节奏	摆体技术	左手支撑	技术训练	训练体制	主要经费来源
布勃卡（俄罗斯技术）	惯性助跑+后六步加速	起跳成弓步，依靠左腿发力摆动，做摆体伸展	左手有一定的弯曲度，向前上方的支撑方法	体操是训练的重要组成部分，强调摆体技术和速度	举国体制训练	国家支持
杜普兰蒂斯（法国技术）	全程加速，最后六步更快	起跳后放下右腿，双腿发力摆动，做摆体伸展	强调左手伸直支撑，并且向左边用力	弯竿技术训练是重要组成部分，而且从小就以弯竿技术为主。从儿童开始用小竿强化弯竿过竿完整技术	俱乐部训练	国际田径协会

二、中外技术水平差异

根据世界撑竿跳高不同技术流派分析,无论哪一个技术派别,从目前水平来看,差异不大,从管理体制看,运动员水平的高低与体制也没有很大的关系。

我国男子撑竿跳高运动员与国外男子撑竿跳高运动员的差异较为明显,主要差表现在开始训练年龄、助跑步数、用竿磅数与体重比、握竿高度、心理因素等方面,这些因素综合影响,最终导致国内外男子撑竿跳高技术水平差异明显(表4-2)。

表4-2 中外技术水平差异

代表人物差异	助跑距离(步)	握竿高度(米)	用竿磅数(磅)	起跳前特点	起步年龄(岁)	身高(厘米)	体重(千克)	用竿磅数和体重比	成绩(米)	其他差异
中国优秀男子运动员	16/18	5.03/5.05	205	被动起跳	12	192	80	竿子磅数与体重差小	5.70	换竿胆怯,自我保护意识差
杜普兰帝斯(法国技术)	20/22	5.28/5.30	220	主动起跳	5	181	75	竿子磅数与体重差距大	6.23	换竿果敢,自我保护意识强

从女子撑竿跳高运动来看,国内优秀运动员在握竿高度、用竿磅数与体重比、助跑步数等方面与国外女子撑竿跳高运动员没有明显差异,但是整体水平有一定差异。我国女子撑竿跳高运动员还有待突破,而技术将是突破的核心,因为其他因素已经符合优秀撑竿跳高运动员的条件了。

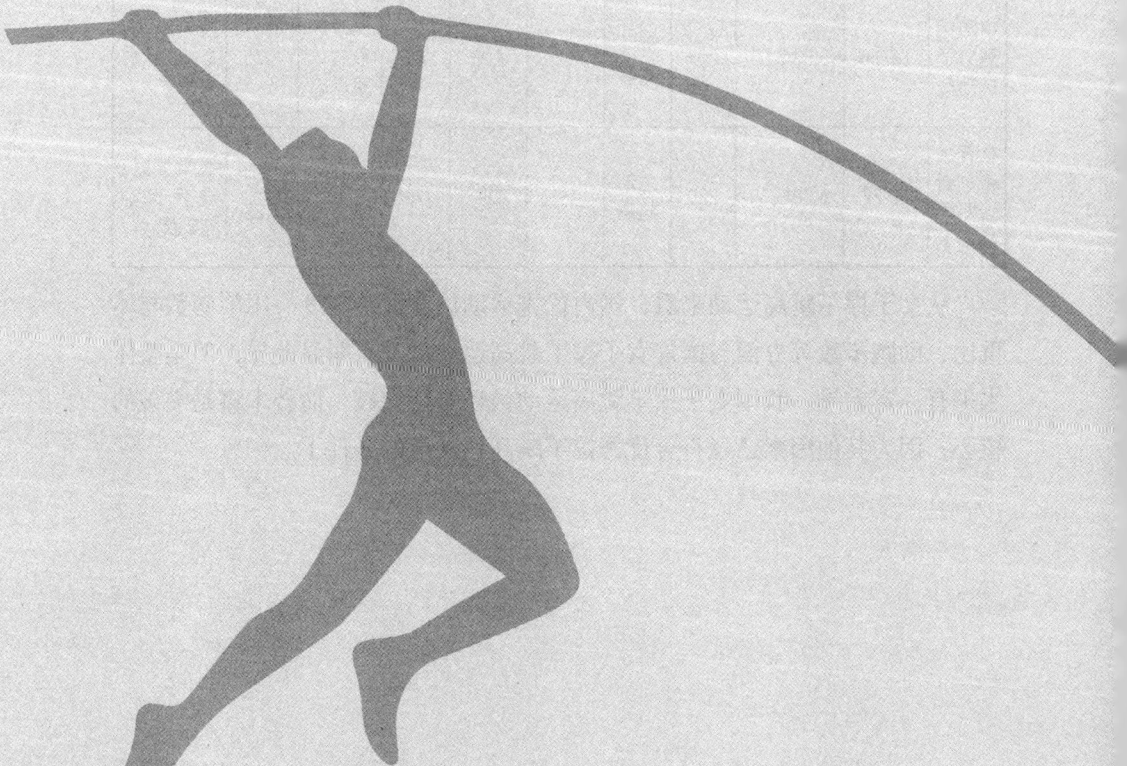

第五章 中外撑竿跳高运动的发展趋势

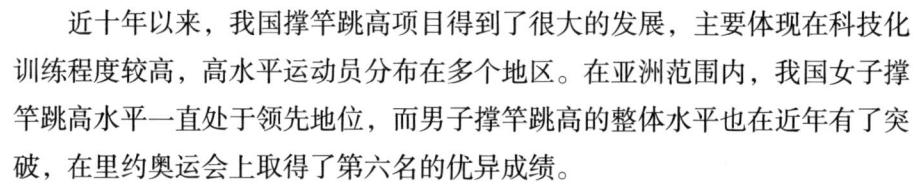

近十年以来，我国撑竿跳高项目得到了很大的发展，主要体现在科技化训练程度较高，高水平运动员分布在多个地区。在亚洲范围内，我国女子撑竿跳高水平一直处于领先地位，而男子撑竿跳高的整体水平也在近年有了突破，在里约奥运会上取得了第六名的优异成绩。

这说明目前我国撑竿跳高项目已经达到了一定水平。虽然我们还未能达到世界顶尖水平，在国际大型比赛中还未实现奖牌突破，但能够参加国际赛事，就意味着我们在这个项目上已经步入了优秀行列，我国撑竿跳高教练员和运动员掌握了撑竿跳高的先进技术，对技术训练规律有了一定的把握，经过不懈的努力，一定能够实现更高水平的发展。下面主要对世界撑竿跳高项目的发展趋势进行分析。

第一节　撑竿跳高项目的特征分析

一、女子和男子训练方法趋同

近年来，世界女子撑竿跳高的整体水平得到了很大的提升。世界女子优秀撑竿跳高运动员的成绩标准在4.80米以上，而男子优秀运动员的成绩标准在5.90米以上。女子运动员在助跑速度、用竿磅数、握竿高度等方面虽然不及男子运动员，但竿上技术表现和男子运动员已无差别。女子运动员的柔韧性较好，因此在摆体阶段的动作更加舒展且稳定。这一特点在国内撑竿跳高比赛中也有所体现，我国女子运动员的技术发挥更加稳定，与世界优秀运动员的成绩比较接近，因此竞争也更加激烈。

女子撑竿跳高运动员在训练方法上和男子运动员已无明显区别，训练差异主要体现在力量训练的器械重量和动作速度上。例如，中国男子撑竿跳高运动员力量训练的最大器械重量可达80千克，而中国目前最优秀的女子运动员在做同一个练习时器械最大重量可以达到60千克。从这个强度来看，一些高水平的女子运动员在某些身体素质方面甚至超过了青年男子运动员。无论中国还是国外，未来女子撑竿跳高运动员的突破方向就是身体素质朝男子看齐，进而在助跑速度、用竿磅数、握竿高度等方面取得突破，缩小与男子运动员在这些方面的差距。

二、我国女子用竿磅数和握竿高度有大幅提升

近年来，世界女子撑竿跳高的整体水平很高，竞争也很激烈。我国女子撑竿跳高项目的发展趋势和世界女子撑竿跳高的发展几乎一致，整体水平也得到了很大的提升，国内竞争也异常激烈。这与我国近10年来频繁派遣运动员参加国际比赛有关，世界女子撑竿跳高的发展带动了我国运动员技术水平的提升。为了更加清楚地了解我国女子撑竿跳高整体水平的发展情况，我们以我国女子撑竿跳高20年的发展周期为例，通过分析全国比赛中前八名优秀运动员的数据来窥探世界女子撑竿跳高的技术发展趋势（表5-1）。

表5-1 我国女子撑竿跳高运动员用竿参数发展与水平比较

时期	竿子长度	握竿高度区间（厘米）	用竿磅数/硬度区间（弹性系数）	运动水平区间（全国前八名，单位：米）
早期（1992—2003）	4.30	3.80～4.10	62～66	3.80～4.20
发展期（2004—2012）	4.30～4.45	4.15～4.30	66～78	4.15～4.50
提高期 2016—现今	4.30～4.60	4.28～4.45	69～78	4.33～4.70

备注：高淑英早期技术参数除外，此表数据从近年来全国比赛中所得，辅以调查、询问、总结等方法。

在早期（1992—2003年），中国女子撑竿跳高处于起步阶段。在国内比赛中表现优异的运动员普遍使用长度为4.30米的竿子（高淑英除外，她用竿长度为4.45米），用竿的磅数为130~145磅，握竿高度为3.80~4.10米，运动成绩为3.80~4.20米。

从2004年开始，我国女子撑竿跳高运动员开始注重助跑速度，随着助跑速度的提升，随之带来的变化就是握竿高度和用竿磅数的逐渐增加。在2004—2012年的发展期，吴莎、李彩霞、赵莹莹、周扬等优秀运动员的助跑速度普遍提升，她们在比赛中使用的竿子磅数和握竿高度都有所增加。虽然多数运动员在比赛中还是采用长度为4.30米的竿子，但是在握竿高度和用竿磅数硬度方面有了明显的突破。例如，周扬使用的竿子长度为4.45米、硬度系数为78。近年来，国内女子撑竿跳高比赛中，进入前八名的运动员整体运动水平得到了很大的提升，低于4.00米高度的成年运动员已经很难进入全国前八名了。多数运动员使用的竿子硬度系数已经在向国际水平靠近，而且竿子磅数在160~170磅这个区间内，握竿高度为4.15~4.30米，用竿的磅数和握竿高度有了显著的增加。例如运动员李彩霞使用竿子的长度为4.30米、握竿高度为4.25~4.28米、磅数为170磅，成功越过了4.50米高度，这是我国优秀女子运动员使用长度为4.30米的竿子发挥的最佳水平。

2012年以后，我国撑竿跳高教练员更加关注助跑速度训练，并且派遣运动员参加国际比赛的频率也变得更高了。尤其是2015年以后，中国女子运动员更加频繁地参加国际上各类撑竿跳高比赛，并且参赛人数也有所增加，这使得我国运动员的握竿高度和用竿磅数再一次得到增加，竿子硬度系数也进一步增加，国内竞技水平再一次达到激烈的程度。这一时期，长度为4.45~4.60米的竿子已经成为高水平运动员的主要选择。全国前八名运动员的成绩都在4.30米以上了。对于那些仍然在使用长度为4.30米的竿子且握竿高度低于4.20米的运动员来说，在技术水平发挥正常的情况下，也很难进入全国前五名了。总之，使用长度为4.45~4.60米的竿子、握竿高度为4.30~4.45米已经成为这一时期运动员的主流配置。此时，女子运动员的用竿磅数和握竿高度成为衡量其运动水平的直接指标。当前我国女子运动员在用竿磅数和握竿高度方面已经接近世界优秀女子撑竿跳高运动员了。

三、撑竿跳高训练方法更加明确化、专项化

近年来，我国撑竿跳高技术的辅助训练方法更加明确化。专项技术训练依然是发展专项技能的主要手段，其主要围绕如何提高助跑速度和人体在摆体技术阶段如何利用撑竿的弹性展开。因此，需要大力发展运动员的速度能力。在体操训练中，无支撑动作需要运动员以身体发力进行腾空练习，这将对撑竿跳高摆体阶段起到较大作用。撑竿跳高运动员如果能够完成接近体操专项要求的高难度动作，将可能找到超越对手的突破方法。

技术的完成是建立在良好身体素质之上的，没有良好的身体素质基础，就无法完成一些技术动作。撑竿跳高运动员进行身体素质训练时，要结合专项要求和特点去训练，并与技术训练相结合，对各个技术环节进行剖析、分解。比如，单杠悬垂这个动作主要训练的是摆体伸展技术，和起跳摆体速度关联不是特别密切。因为撑竿是动态移动的，而单杠是固定的，运动员的发力点也有所不同。如果要解决运动员摆体速度不够快的问题，这个辅助动作的效果可能就不太明显。单杠悬垂仅在伸展阶段有较大的辅助作用。因此，在进行技术动作的分解练习时，要针对需要解决的问题对动作的结构、力量大小、运动方向和速度进行详细的剖析，然后进行专项练习，以确保各项练习尽可能地接近撑竿跳高专项技术动作，就是要选择更加接近专项特点的辅助训练方法，这将在提高运动员专项水平上发挥重要作用。

四、助跑速度快成为显著特征

无论是国外还是国内，撑竿跳高运动员的助跑速度快已经成为他们在比赛中的共性特征了。对于撑竿跳高项目来说，速度与技术之间的关联性已是有目共睹，我国撑竿跳高运动员要想突破现有水平，关键在于进一步发展动作速度，重点要在助跑和摆体阶段关注三个方面速度的提升：

首先，在助跑阶段，当运动员加速到最大速度后，需要突破在速度惯性

状态下的持续时间和加速能力。当运动员在降竿时，由于撑竿的重量变化，其助跑也会受到影响。在此阶段，运动员应学会利用助跑惯性来保持或进一步提高速度，以抵消降竿后撑竿带来的重力影响。关于助跑训练方法的详细内容，我们在前面的撑竿跳高训练章节进行过详细叙述，这将有助于运动员突破使用撑竿的重量和握竿高度。

其次，在插竿起跳阶段，即使撑竿降至水平面以下，运动员也要加速进行插竿起跳。

最后，在起跳瞬间，运动员应有意识地加大下肢的动作幅度和摆体速度，紧贴撑竿方向进行伸展。通过这种方式，可以利用摆体速度的惯性和纤维撑竿的弹性进行伸展。在摆体伸展与转体衔接的过程中，两脚并拢形成一条直线，这样可以再次借助撑竿的弹性做加速度，从而获得更高的腾起高度。

对于撑竿跳高运动员来说，要突破速度障碍是相当困难的。技术动作速度是建立在基本技术扎实和技术熟练这一基础之上的。这需要追溯到最初的插竿起跳技术训练阶段。如前所述，最初的技术训练至关重要，因为它是动作意识与技术形成的重要阶段。最初的技术训练包括对举竿时机的把握和对技术的理解等方面，强调正确思维习惯的养成。动作一旦形成，就很难再改变。尤其是最后几步的举竿和插竿速度意识，这在训练初期是需要通过反复训练和不断积累经验才能形成的专项意识。在高水平阶段，运动员的最后几步是在自动化的状态下完成的，无论速度快慢，都是受最初技术训练影响的。因此，撑竿跳高运动员为了在技术动作速度方面取得突破，就必须加强插竿起跳技术训练，并通过大量的、反复的训练来加强身体的肌肉记忆，从而达到技术动作自动化水平。只有这样，才能实现动作速度的提高。

综上所述，根据撑竿跳高的发展趋势和特点，从训练角度和世界水平来看，中外优秀运动员的水平还未达到极限，仍然有可以挖掘的潜力。现在的恢复措施、机能监测以及训练的科学化已经大幅提高了运动员对负荷强度刺激的适应能力。运动员适应负荷的潜力到底有多大，这需要在未来的训练中不断摸索和总结。有经验的教练员总结到，当运动员达到一定水平后，如果没有足够的强度刺激，他们的水平将很难再上一个新台阶。这就说明了水平的提高需要强度的刺激。

第二节　力量训练的趋势与方法

近年来，撑竿跳高专项力量和辅助力量的训练方法更加明确化，这一趋势主要表现在两方面。其一，力量训练紧密结合专项特点进行。这种结合体现在训练动作的结构、运动方向和速度与撑竿跳高的专项技术动作特点和发力结构相吻合。其二，力量训练主要以发展上肢力量为主，因为上肢力量对撑竿跳高比赛成绩起到很大的作用，无论是绝对力量的训练，还是克服自身体重的力量训练，都可以作为练习手段。未来的力量训练将越来越重视最大力量训练、最大速度力量训练以及两种训练的整合。

一、最大力量训练的特点和方法

最大力量训练方法具有多样化的特点，其目的是分担肌力和关节的压力，防止训练激情消退，这在训练中很重要。

如果长期采用一种训练方法进行最大力量训练，会增加局部负荷和局部肌肉疲劳，从而增加受伤的风险，不利于其他部位的发展，同时也会导致力量发展不均衡。一旦身体适应了某种训练，再提高就会变得很困难。因为在训练过程中需要身体主要部位和其他局部共同发力才能达到最大力量。因此，必须发展多个部位的力量，最终目的是提升最大力量。

二、练习量的安排

一周进行两次最大力量训练，第二次的训练量是第一次训练量的90%。之所以这样安排，是因为力量训练的最佳恢复期是72小时。如果在这个恢复期内进行第二次大强度力量训练，可能会造成过度训练，增加受伤的风险。关于这一点，需要教练员在力量训练过程中加以注意。

三、最大力量训练前的热身练习

在进行最大力量训练时，运动员会高度集中注意力，调动身体的全部肌肉力量进行练习，进入一种心神高度集中的状态。在这种状态下训练，肌肉神经会得到最大刺激，从而发挥极限力量。为了激发运动员的最大力量潜力，在进行特定部位的最大力量训练前，可以针对该部位相关的肌肉群进行小重量的力量训练。具体方法可以选用2~3个训练动作，以小重量多次数的训练安排来激活将要承受大负荷的部位。这样做除了能保持肌肉热度外，还能提高该部位的适应性，防止受伤。此时的小重量练习不仅不会过多消耗体力，反而会激发运动员的潜能，达到最大力量训练目的。

四、最大速度力量训练的特点和方法

最大速度力量训练的主要特点是专注于训练动作的速度，与专项技术紧密结合。如果训练强度过大，就会影响动作速度。在速度力量训练中，建议采用运动员最大力量的40%~60%的重量，并且要专注于技术细节。由于轻重量不会给运动员带来心理压力和负担，因此可以选用单一手段进行速度力量训练，调动肌肉快速收缩。这样训练不仅能提高训练效果，还能明显增强体能。具体包括各种拉带训练、爬绳速度训练、轻重量的跳跃练习等与专项相关的力量训练方法。

最大力量训练和最大速度力量训练虽然是分开进行的，但最大力量和最大速度力量都是提高运动成绩所必需的身体素质，因此在训练安排中应将两者相结合，二者同等重要。未来要更加重视最大力量训练，因为这是运动员迅速达到高水平的捷径。训练负荷要接近撑竿跳高专项技术要求运动员达到的力量要求。如果只依赖轻重量和单一手段来发展力量，可能无法达到最佳训练效果。

五、对训练年限长的运动员的训练建议

随着训练年限的增加，一些撑竿跳高运动员的身体机能水平不断提升。这主要体现在技术状态稳定和比赛时身体机能状态稳定上。对于训练年限长的运动员来说，训练的重点应放在突破现有水平上，在技术上精益求精，并在身体素质方面逐渐弥补不足。

技术的稳定性并不是一成不变的，身体素质的下降会影响技术的稳定性。因此，对于训练年限长的运动员来说，训练量的安排应以大强度、中小运动量为原则。在专项训练方法上应强调极限重量和极限速度的训练，而运动总量可以适当减少。这是实现最小耗能、最大收益的训练策略，这种训练方案对于训练年限长的运动员比较合理。

在技术训练方面，应以完成基本技术训练为主线，使用相对较轻的撑竿进行短程起跳过杆等练习，以巩固基本技术。在进行基本技术练习时应像初学者一样专注于技术细节，在全程技术练习中以自己最佳水平的85%~90%的标准进行训练，并以提高技术质量为目的。总的练习次数应适当减少，因为训练量过大可能会使训练年限长的运动员出现过度训练，并延长恢复周期。连续的重大比赛给训练年限长的运动员带来的压力和体能上的挑战不是一般水平和训练年限短的运动员所能比拟的。

以我国女子撑竿跳高运动员高淑英、徐惠琴、李玲为例，她们的训练年

限都超过了15年，并且一直保持着高水平。她们常年坚持以赛带练，长期保持不间断的训练，非常注重训练过程的科学化和合理化。

综上所述，为了长久保持良好的竞技状态，应按照理论和实践相结合的原则进行训练。训练年限长的运动员应更加注重基础训练，在大强度力量训练后适当延长恢复时间，并将注意力放在专项技术和热身练习上。辅助练习应以针对薄弱环节的练习方法为主，速度练习则应以短距离为主。

第三节　优秀撑竿跳高运动员身体素质训练方法

优秀撑竿跳高运动员的身体素质训练主要包括三个方面：速度素质、摆体阶段和力量素质。

一、速度素质训练方法

在速度训练方面采用行进间20米极速持竿跑，站立40米、60米最大速度训练等方法，主要以持竿训练为主，灵活调整训练强度。在运动员抬腿助跑训练方面，可采用上坡持竿跑、计时跑等训练方法，可在有一定坡度的跑道上进行训练，这些方法对提高运动员的助跑速度、使运动员熟练摆腿有良好的效果。

二、摆体阶段训练方法

体操的大回环训练被多数高水平撑竿跳高运动员视为摆体阶段的重要训

练方法。吊环摆体、单杠摆体后成杠上倒立支撑、倒立走、蹦床练习等都是优秀运动员常用的体操训练方法，对提高运动员摆体阶段的技术水平起到积极作用。

三、力量素质训练方法

仰卧负重头后拉练习、90°深蹲练习、杠铃斜推、抓举、高翻、卧推练习都是优秀运动员发展力量的常用方法。这里特别强调一下卧推这个练习方法，卧推作为一个发展上肢力量的传统方法，其主要是促进胸大肌的发展，长期进行高强度的卧推训练，会增加肩部损伤的风险，削弱肩关节的柔韧性，尤其是握距超过肩宽，会限制肩关节的活动范围。因此，进行卧推训练要谨慎一些。事实上，头后拉和杠铃斜推这两个练习对撑竿跳高运动员来说更有利一些，而卧推这个练习在部分高水平运动员中不予采用。

以上关于优秀撑竿跳高运动员的身体素质训练方法仅供参考，因人而异。

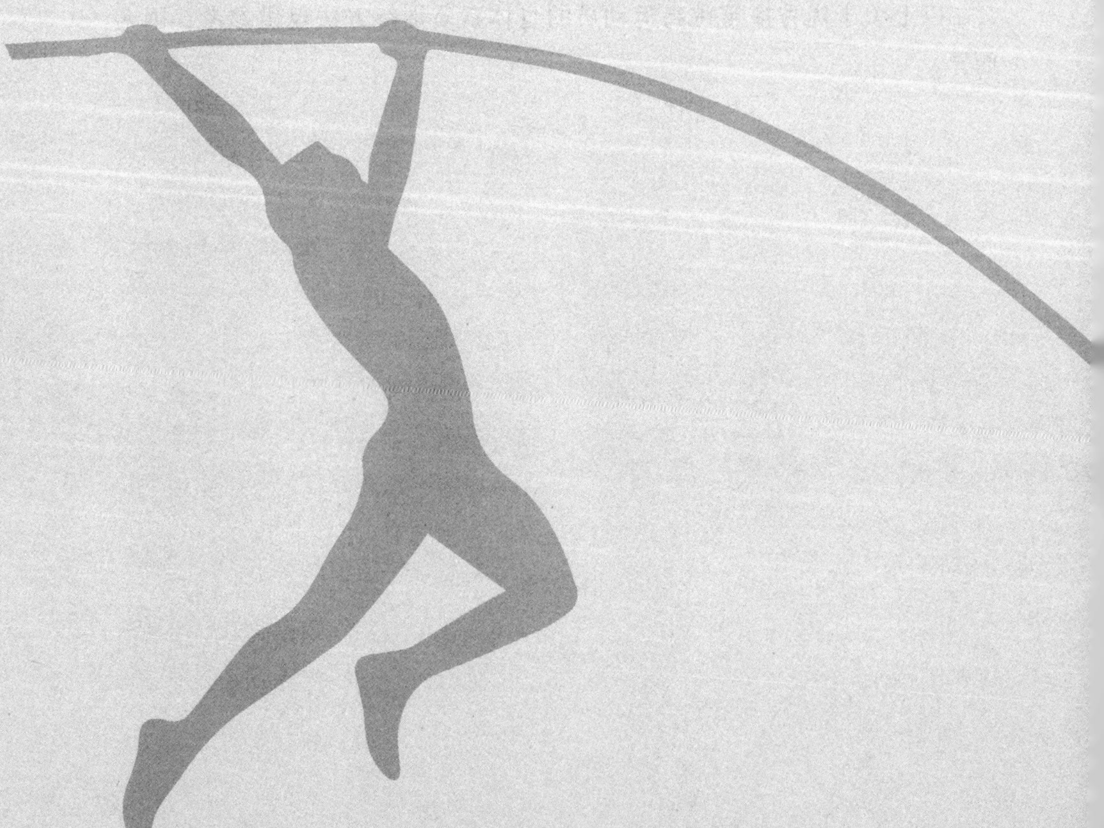

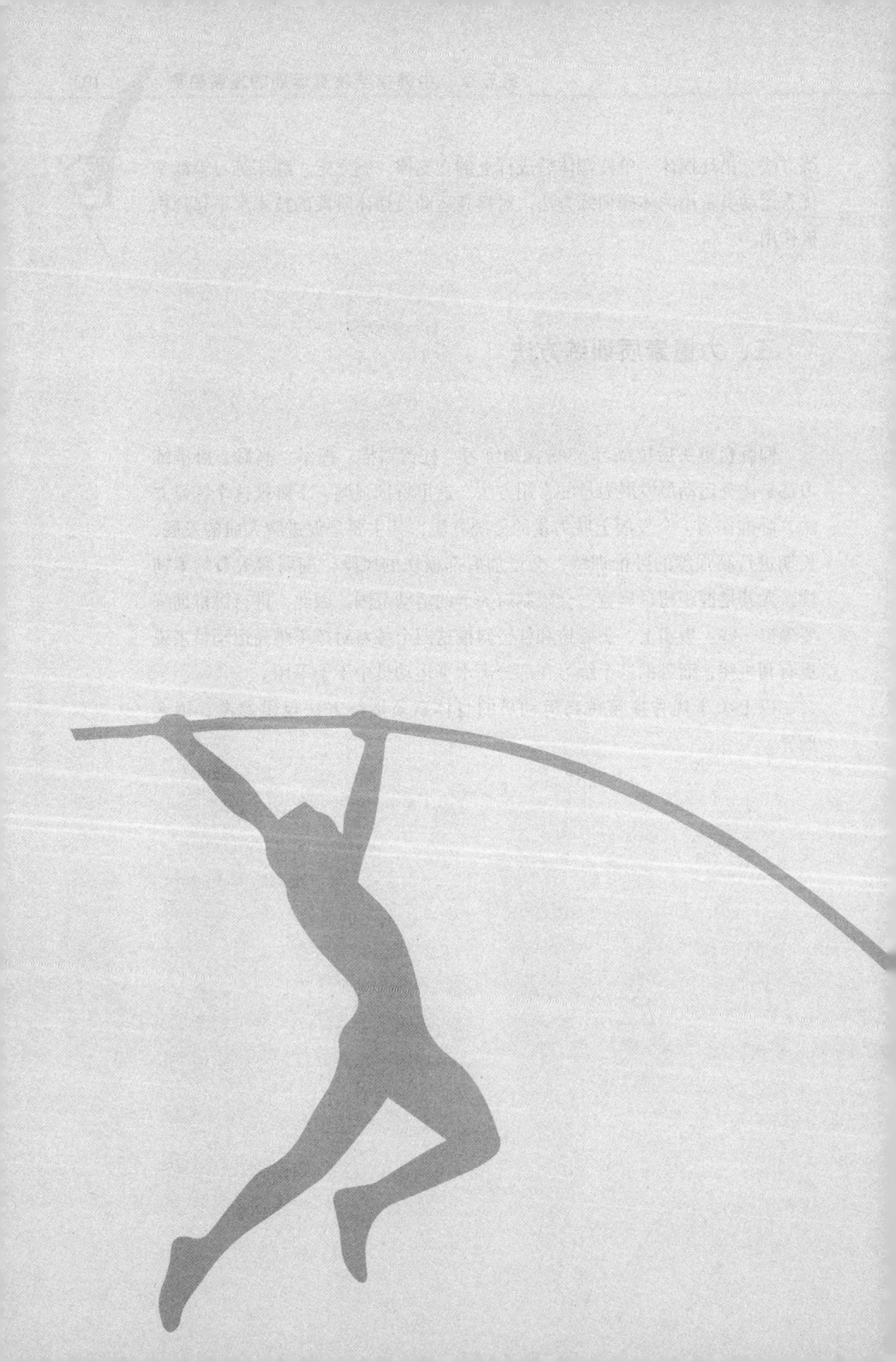

第六章 撑竿跳高训练方法

近二十多年来，国际田联采取了一系列措施将田径运动推向市场，运动员获得了更多的比赛机会，使训练和比赛更加紧密地融为一体，引发了训练领域的变革，包括很多田径项目都突破了传统训练周期理论的束缚。人们对项目特性、技术规律的认识不断加深。从现代竞技体育训练来看，训练方法以训练手段多样化、强度大、专项素质和专项技术紧密结合为特点，采取这样的训练方法成为运动员迅速达到高水平的有效途径。

第一节 制订科学的训练计划

随着运动科研水平的不断提高，运动员的训练过程更加科学化，成长周期逐渐缩短，高水平状态的持续时间逐渐延长，从而促使撑竿跳高的整体技术水平得到了前所未有的提升，世界撑竿跳高比赛的竞争日趋激烈。这对教练员和运动员都提出了更高的要求。运动员能否持续地进行大强度训练，取决于训练后的恢复程度。而体能恢复的快慢，又和运动员的身体素质水平、健康水平，以及教练员制订的计划相关。因此，为了能最大限度地发挥运动员的体能潜力，教练员制订的训练计划要以科学化、实用化、符合运动员的现实情况为依据。

制订科学的训练计划是运动科研水平提升、竞技比赛竞争日趋激烈的必然要求，也是运动训练自身发展的迫切需要。

科学的训练计划要满足以下条件。

第一，具有指导意义。训练计划是建立在理论研究和实践的基础上制订的，并要经过训练实践的反复检验；也必须符合运动训练规律，运动训练过程要有连续性和阶段性。

第二，计划中要包含带有经验性质的训练方法，且这些方法已经过了科学的论证。

第三，将运动基础学科的研究成果运用到训练计划的制订中，以供参考、借鉴，从而更好地开展训练。

第四，计划中要包含评价运动员竞技能力的生化指标，这些指标必须是经过实验研究获得的，以科学客观的生化评价代替以经验判断为主的评价方法。

第五，训练计划必须具有实用性，要能够切实帮助运动员顺利训练，并使运动员能够通过训练提高竞技水平和比赛成绩。实用的训练计划还应该能够帮助运动员解决实际问题，要有针对性地进行解决。

第六，训练计划还要符合运动员的现实情况。运动员作为实践对象，其机体适应性、个体差异、技术特点、身体素质特点等都是教练员制订训练计划时必须考虑的因素。在这样基础上制订的计划既符合项目的发展规律，也符合个体特点。

第二节　撑竿跳高专项速度训练重点与应用

撑竿跳高运动员持竿助跑的水平速度衔接插穴起跳技术后转化为垂直向上速度，这对其完成撑竿跳高技术起着重要的作用，一定程度上决定着运动员的成绩。撑竿跳高的专项助跑是建立在绝对速度基础上的。专项助跑速度练习可采用在跑道上持竿助跑的绝对速度练习和助跑起跳速度练习等方法。速度练习与专项相结合，才能最大程度地发挥由助跑加速获得的身体的动力和利用率。

运动员的握竿高度、腾起高度都与助跑速度有着重要的联系，可以说握竿高度、起跳之后的技术动作都和速度相关。目前男子撑竿跳高的世界纪录是6.24米，女子世界纪录是5.06米，这样的水平已经接近人类极限。近十年我国撑竿跳高的竞技水平整体有了很大的提高，有将近10名男子运动员越过5.50米，将近10名女子运动员越过4.45米，并且在奥运上取得了一定的名次，说明我们的教练员和运动员已经掌握了先进的撑竿跳高技术，在训练方面已经掌握了先进的训练理念和训练方法，就差一个世界大赛的奖牌来证明我国在该项目上的国际地位了。

针对撑竿跳高专项助跑技术的训练，要结合科学训练理论和撑竿跳高技术的复杂性来制订训练计划，主要围绕三点展开，即专项助跑速度训练、摆体伸展阶段体操辅助练习，以及结合专项技术的身体素质训练。

要提高运动员的助跑速度，在力量方面要重点关注腿部三个力量，即腿部爆发力、关节支撑力、腿部弹跳力。有研究表明，运动员的最快速度可维持60~70米，持续时间5~7秒。因此，在速度训练中应以短距离练习为主，练习手段不需要太多，但必须注意动作细节，以快为目的，提高运动员的绝对速度。关于绝对速度的练习要特别注重训练强度的安排，要以提高肌肉的快速收缩能力为目的，因此在训练中以爆发力练习为主。

从撑竿跳高起跳的方向来看，运动员的起跳重心具有稳定性、向上性等特点。

综合撑竿跳高的助跑技术特征和起跳技术特征来看，其与三级跳远具有很高的相似度。因此，在撑竿跳高专项速度训练中，既要采用短跑的爆发力训练方法，又要借鉴三级跳远的助跑节奏训练方法。

一、助跑专项速度练习方法

（一）概述

助跑速度练习方法与专项技术越接近，训练效果就越好。在撑竿跳高专项速度训练中，设计训练方法时要注意助跑距离应接近专项技术，起动助跑时的姿势也要与专项技术要求一致。在此基础上总结归纳出以下助跑速度练习方法。第一种，在跑道上的持竿助跑练习。第二种，在有穴斗的跑道上进行的助跑举竿起跳练习。第三种，持竿上坡跑练习，主要练习持竿能力和助跑抬腿力量。

除上述方法外，三级跳远可以作为发展助跑速度的辅助练习手段，跨栏练习可用于训练运动员的助跑节奏，持重竿助跑可提高持竿助跑能力。此外，短距离助跑训练也很重要，如40米、60米持竿计时跑、徒手站立起跑、20米行进间跑等。

（二）方法

1.持竿快速跑
动作要领：以40~60米计时助跑为例，行进间助跑和原地助跑均可。
练习目的：提高持竿助跑能力和专项助跑速度。

2.持重竿快速跑
动作要领：持竿40米助跑，行进间助跑和原地助跑均可。
练习目的：提高持竿助跑能力和专项助跑速度。

3.在跑道上持竿跑衔接插穴举竿
动作要领：设定助跑距离，在规定距离范围内发挥助跑速度，完成降竿举竿动作。
练习目的：提高助跑能力，熟练掌握快速助跑过程中的降竿、举竿动作。

4.原地高抬腿持竿练习
动作要领：腿抬高，重心随之提高，结合助跑速度节奏完成持竿降竿动作。
练习目的：增强抬腿力量和左手持竿能力。

5.中程距离三级跳远练习
动作要领：注意助跑节奏，助跑最后两步起跳向上。
练习目的：熟练助跑节奏，提高专项速度能力。

6.八步、十步、十二步助跑插竿起跳

动作要领：熟练掌握降竿、举竿起跳技术，注意助跑速度。

练习目的：熟悉起跳技术，提升助跑起跳能力。

7.十四步、十六步助跑插竿完整技术练习

动作要领：熟练掌握降竿、举竿起跳技术，注意助跑速度。

练习目的：熟悉起跳技术，提升助跑起跳能力。

8.跨栏练习

动作要领：采用中低高度跨栏练习，放置5~6个栏架，缩短栏间距离。注意栏间助跑节奏。

练习目的：熟练助跑节奏。

二、一般速度训练方法

（1）30米计时跑。

（2）60米计时跑。

（3）100米计时跑。

（4）行进间20~60米跑。

三、助跑耐力速度练习方法

目前，撑竿跳高比赛竞争激烈，运动员从准备到比赛往往需要4~5个小时甚至更长的时间，这样的比赛对运动员来说不单是比技术，也在比耐力。撑竿跳高比赛的横杆高度是由低到高不断增加的，越到最后越需要更好的竞技状态去冲击新的高度，当运动员感到疲劳时，灵敏性、兴奋度就会下降，专项技术也会受到影响，进而影响比赛成绩。因此，撑竿跳高运动员在日常训练中要进行相应的耐力训练。

耐力练习要遵循练习手段多样化原则，撑竿跳高运动员没必要进行体能极限训练，不宜做强度大、时间长的耐力训练。耐力训练的目的是提高人体内脏对氧气的利用率，让运动员一直保持较好的竞技状态。耐力训练是一种辅助练习手段，不能因训练强度大而使运动员产生恐惧心理，影响运动员的训练激情。

撑竿跳高的助跑距离最长不超过45米，要根据这个距离安排耐力速度训练，100米往返跑则是发展耐力速度的最佳练习方法之一。需要注意的是，耐力速度练习会消耗运动员较多的能量，因此在比赛繁忙阶段不建议采用这一练习方法。

表6-1是100米耐力速度练习方法示例。三次训练分别安排不同的间歇休息时间，这样三次课的训练强度也是不同的。在运动员速度水平不高的情况下，要通过缩短间歇时间来增加运动强度，在运动员速度水平高的情况下要通过延长间歇时间来达到一定的训练强度。耐力速度练习通常在训练课的后半部分进行安排。

耐力练习还有一些其他的方法也可以采用，如1500米、2000米等长距离跑，但这些练习偶尔采用即可，规定在一定时间范围内完成。

表6-1　100米耐力速度练习方法

距离（100米） \ 课次	练习次数	训练强度(秒)	间隔时间（分钟）
1	6	13	2
2	6	12	5
3	6	11.6	7

第三节　专项技术悬垂摆体阶段的训练方法

　　体操训练是提高撑竿跳高运动员起跳之后悬垂摆体、转体过杆技术能力的有效方法，是撑竿跳高的重要练习内容之一，其训练方法和技术要求与助跑阶段的训练同样重要。在体操训练过程中必须遵循循序渐进的原则，由简到繁、从易到难，由专业体操教练指导，以确保运动员掌握的技术要领更加准确，尤其是能够准确地完成一些大幅度的动作。

　　撑竿跳高运动员在初步建立摆体技术动作概念阶段采取体操练习方法时，先完成单杠、双杠、吊环练习中的振摆和悬垂摆体，以及平地的侧手翻、前手翻、前手翻过栏架，由此过渡到蹦床的简单跳跃、体操房里的前空翻、后空翻，最后再过渡到有一定难度的蹦床转体、单杠大回环、双杠振摆倒立等具有一定难度的体操练习方法。

　　大多数时候，撑竿跳高运动员进行体操练习就是为了改进悬垂摆体伸展阶段的动作，从而在空中起到补偿作用，并提高身体平衡性和对撑竿的控制能力。练习的实质就是以手为支点，提高运动员的握力，使其负担自身体重，增强空中动作意识，提高空中身体协调能力，形成正确的运动方向感。这样的体操练习方法与撑竿跳高运动员起跳之后的技术特点接近。需要注意的是，难度不同的体操练习对改进运动员摆体技术所起到的作用是有区别的，有的练习起到主要作用，有的练习起到辅助作用。

　　下面列举摆体阶段的主要练习方法：

　　第一个是大回环，大回环是运用身体所有摆动力量的练习。这个练习方法和运动员在起跳离开地面后运用身体全部力量进行摆体向上发力是一致的。大回环的练习有一定的难度，需要由拥有体操专业训练经历的教练员来指导训练，向撑竿跳高运动员传授大回环的技术要领，运动员在专业指导下比较容易掌握这一练习方法。进行大回环练习，有利于提高运动员起跳后在悬垂阶段的摆动速度，并且能够增强运动员的握力和肩部力量。

第二个是蹦床练习方法，进行这项练习的目的主要在于改进运动员摆体与转体之后到过竿时，即腾跃时无支撑阶段的技术动作。练习方法是在蹦床上向前上方起跳，直体翻转1周。翻转练习动作与摆体、转体动作非常相似，对于运动员学习摆体、转体有很大的帮助。另外，在摆体、转体阶段要运用保护带，从而使运动员更有安全感，减少思想顾虑，同时也能协助运动员完成动作。在训练中要求运动员在空中加速转体，每个技术环节的动作都必须做到位。

摆体、转体动作之所以不好掌握，是因为摆体动作是建立在插竿技术基础上的，人体和竿子的配合对前面起跳技术的要求很高，起跳高度和方向都会对摆体、转体产生影响。撑竿跳高运动员进行体操项目的悬垂摆体、转体练习，有利于更好地掌握竿上的摆体转体技术。

综上所述，体操运动中的悬垂摆体、转体技术与撑竿跳高悬垂摆体阶段的技术比较相似，基于二者的相似性进行体操练习，有利于撑竿跳高运动员掌握竿上动作，并能够增强运动员的协调性和动作方向感，避免在落坑时发生受伤事故。下面针对撑竿跳高的专项需求，介绍目前优秀撑竿跳高运动员主要采用的一些体操训练方法。

一、吊环悬垂摆体练习（图6-1）

练习方法：两手握吊环，腿部成弓箭步，身体重心摆过吊环垂直线，大幅度摆体向上做伸髋展体动作。

练习目的：提高摆体的能力和速度。

场地设置：放置普通保护垫。

图6-1 吊环悬垂摆体

二、吊绳悬垂摆体练习（图6-2）

练习方法：两手握吊绳，向手臂方向做伸髋展体动作。
练习目的：提高摆体的能力和速度，提高握力。
场地设置：放置普通保护垫。

图6-2 吊绳悬垂摆体

三、蹦床跳起，空中转体180°（图6-3）

练习目的：增强伸展转体阶段的能力，提高伸展速度和转体速度。
练习要求：踏跳有力，向上起跳再转体落入海绵垫。
场地设置：海绵垫。

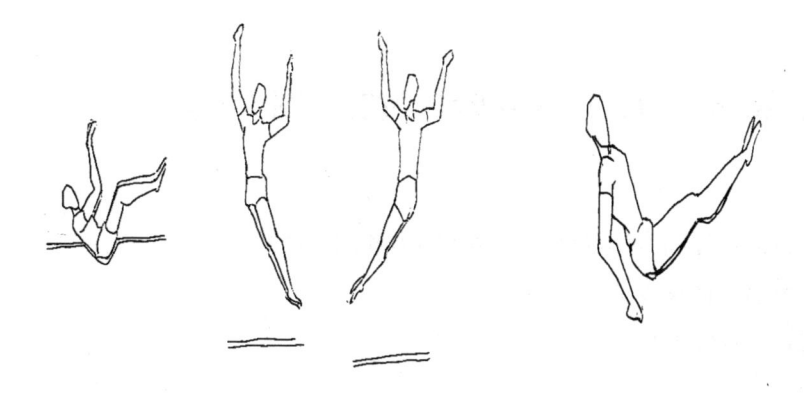

图6-3　蹦床跳起，空中转体180°

四、前空翻（图6-4）

练习目的：增强摆体阶段的空间意识、身体感知能力，提高摆体阶段的伸展速度和转体速度。
练习要求：弹性踏跳板跳起接团身空翻，落入海绵垫坑里。
场地设置：体操房。

图6-4　前空翻

五、蹦床练习，以团身转体为主（图6-5）

练习目的：提高身体灵活性、摆体能力和团身技巧。
练习要求：体操专业教练指导。
场地设置：体操房。

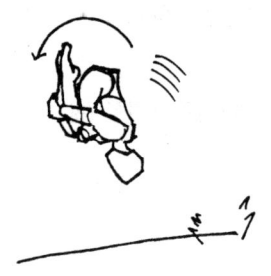

图6-5　团身转体

六、单杠大回环（图6-6）

练习目的：提高起跳后的摆体能力和身体在悬垂阶段的摆动速度，提高运动员的握力和肩部力量。

练习要求：体操专业教练指导。

场地设置：体操房。

图6-6　单杠大回环

第四节　撑竿跳高力量训练

传统的撑竿跳高力量练习偏重于大肌肉群，如深蹲练习、发展上肢绝对力量的卧推练习等，采取这些训练方法必须因人而异。撑竿跳高作为一个和体操相关的项目，应该有自己专门的力量训练方法。撑竿跳高属于跳跃类的速度爆发力项目，力量训练应包括基础力量训练和专项力量训练。跳跃类运动员进行力量训练时要遵循慢下快起的原则。本章介绍的力量训练主要是针对运动员专项力量的训练，分为上肢力量训练、下肢力量训练、腰腹力量训练、弹跳力量训练四个部分。

撑竿跳高需要运动员运用身体全部力量，但主要是依靠上肢力量完成技术动作，因此上肢力量训练是撑竿跳高专门力量训练的重要组成部分。运动员左前手臂要承受撑竿很大的重量，如果没有足够的上肢力量，持竿助跑速度就会受到影响。握力也是训练的一部分，单杠练习、吊绳练习、引体向上练习等都可以提高手的握力。

利用瑞士球、平衡垫、悬挂绳带等器材进行训练也是撑竿跳高运动员发展力量的训练方法，这类训练方法的理论研究有很多，使用范围广泛，不仅在竞技体育中，在大众体育中也能看到。撑竿跳高运动员采用这些训练方法，对于提高力量速度和增强小肌肉群力量具有良好的作用。运动员可以根据自己的专项发展需求和身体素质进行训练，以增强关节支撑力量和身体控制能力。此外，这类轻器械训练方法也可以运用于运动员的康复训练中。

本章介绍的力量训练方法，应以最大负荷的85%～100%的重量进行训练，这样的练习负荷有助于运动员快速提高力量素质。如果要发展快速力量，就要减轻重量，如采用最大负荷的40%～60%的重量进行训练。具体负荷强度应根据运动员的身体素质情况灵活增减。

一、上肢力量训练方法

（一）负重引体向上（图6-7）

练习要求：双手正握抓住单杠，下颚引过单杠。可负重穿沙背心，超越自身体重，增加引体训练强度。

练习目的：发展手臂、肩带肌群的力量，增加握力。

图6-7　负重引体向上

（二）负重头后拉练习（图6-8）

练习要求：仰卧于练习凳上，两手直臂持杠铃杆/杠铃片于头部后方，向胸部方向发力屈臂至90°，还原再做，注意慢下快起的压肩动作。

练习目的：增强肩带肌群力量，完善摆体过程中的压肩动作。

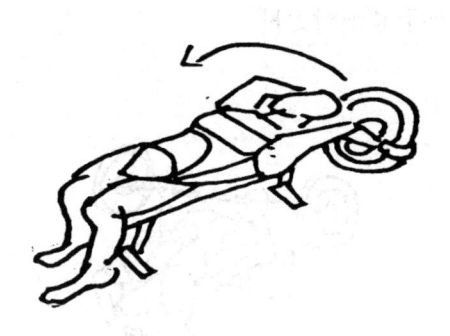

图6-8　负重头后拉练习

(三)腕关节力量练习(图6-9)

练习要求:坐在长凳上,上体略前倾,屈肘,两手紧握杠铃。反复做腕关节屈伸动作。

练习目的:增加腕关节力量,提高持竿能力。

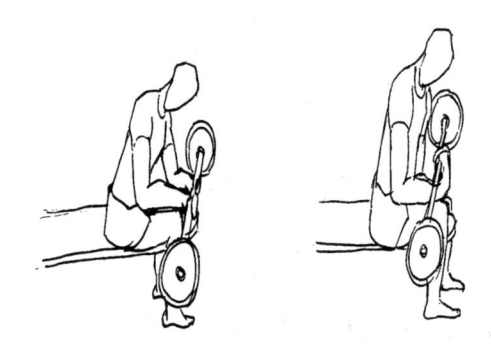

图6-9 腕关节力量练习

(四)卧推练习(图6-10)

练习要求:采用最大负荷(85%~100%)循环练习。

练习目的:发展上肢绝对力量。

图6-10 卧推练习

（五）杠铃弯举练习（图6-11）

练习要求：两脚开立，提杠铃至腹前，以肘关节为轴，做手臂屈伸动作。

练习目的：发展肱二头的力量，提高手臂支撑力量。

图6-11　杠铃弯举练习

（六）高翻练习（图6-12）

练习要求：腰背挺直，两脚分开，屈膝下蹲，杠铃从下至上紧贴身体翻起，当杠铃超过胸椎时，重心快速下降，两肘同时靠近身体，将杠铃提到锁骨高度。

练习目的：发展手臂绝对力量，提高手臂支撑力。

图6-12　高翻练习

(七)双杠屈伸练习(图6-13)

练习要求:两脚交叉悬空,上臂做屈伸动作。

练习目的:发展手臂三角肌肉力量,提高持竿能力。

图6-13 双杠屈伸练习

(八)手倒立推起(图6-14)

练习要求:可以由同伴协助倒立推起,也可以靠墙自己完成手倒立。

练习目的:提高上肢力量和竿上推竿能力。

图6-14 手倒立推起

（九）单杠翻上支撑（图6-15）

练习要求：跳起，两手正握单杠，身体悬垂，屈臂举腿，使胸部靠近单杠，接着翻上，以手臂支撑身体。

练习目的：克服自身体重，发展上肢绝对力量，提高握力。

图6-15 单杠翻上支撑

（十）双杠前后摆动练习（图6-16）

练习要求：两臂支撑双杠做前后摆动，最佳姿势是前后摆至水平面。

练习目的：提高肩关节的灵活性和摆体控制能力。

图6-16 双杠前后摆动练习

（十一）双杠后摆成倒立（图6-17）

练习要求：两臂支撑双杠，完成后摆成倒立动作。

练习目的：提高人体在运动中的控制能力。

图6-17 双杠后摆成倒立

（十二）倒立推（图6-18）

练习要求：在同伴的帮助下完成屈臂支撑倒立。

练习目的：发展上肢力量。

图6-18 两人互助倒立推

二、下肢腿部力量训练方法

目前，国际上撑竿跳高运动员助跑时采用高抬腿的方法，其特点是步幅大，助跑积极有弹性，这样的助跑技术对于运动员腿部力量和踝关节力量的要求很高，因此撑竿跳高运动员要像其他跳跃运动员一样进行以腿部爆发力、弹跳力、踝关节支撑为主的力量练习。

下面介绍国内优秀运动员采用的一些腿部力量训练方法。

（一）半蹲起（图6-19）

练习要求：肩负杠铃，半蹲起。
练习目的：发展大腿力量。

图6-19　半蹲起

（二）弓箭步走（图6-20）

练习要求：肩负杠铃成弓箭步，向前"大步"走，注意迈开时高抬大腿，超过髋关节高度，全脚掌落地，注意两腿步伐均匀，避免身体晃动。
练习目的：发展腿部力量，增加跑步步长。

图6-20 弓箭步走

(三)负重杠铃弓步跳、交叉跳、向上跳(图6-21)

练习要求:肩负轻的杠铃,分别完成弓步跳、交叉跳和向上跳的动作。
练习目的:发展关节支撑力量和腿部灵敏性。

图6-21 负重杠铃弓步跳、交叉跳、向上跳

（四）橡皮拉带抬腿练习（图6-22）

练习要求：固定橡皮拉带的一端，另外一端绑在膝关节上，屈膝抬腿，注意大小腿折叠。

练习目的：发展抬腿力量和腿部快速力量。

图6-22　橡皮拉带抬腿练习

（五）杠铃提踵练习

练习要求：肩负杠铃，两脚并拢，提臀直膝向上踮起后脚跟。
练习目的：发展踝关节力量和支撑能力。

三、腰腹部力量训练方法

（一）肋木举腿（图6-23）

练习要求：背靠肋木，两手握肋木悬垂，做举腿动作，两腿尽可能举过头顶至肋木手握位置。连续完成20~30次。
练习目的：发展腹部绝对力量，提高手的握力。

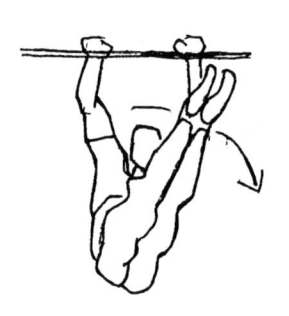

图6-23 肋木举腿

（二）肋木旋转举腿（图6-24）

练习要求：背靠肋木，两手握肋木悬垂，做由左至右旋转举腿动作，两腿尽可能紧靠身体，正面转动360°。连续完成20~30次。

练习目的：发展侧腹部绝对力量，提高手的握力。

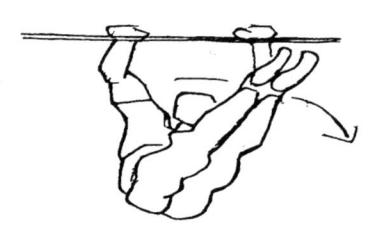

图6-24 肋木旋转举腿

（三）鞍马/跳箱收腹（图6-25）

练习要求：身体仰卧在鞍马/跳箱平面下方，两脚勾住肋木仰卧起坐。连续完成20~30次为一组，至少练习8组。

练习目的：发展腹部绝对力量。

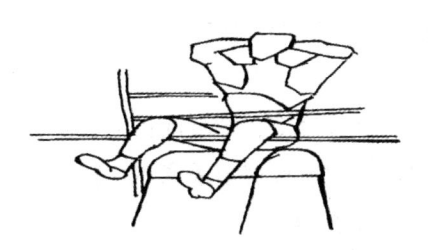

图6-25　鞍马/跳箱收腹

（四）垫上两头起（图6-26）

练习要求：仰卧成"V"字，快速收腹，手要触碰到脚尖。要求高速连续完成20~30次或者更多次数。

练习目的：提高快速收腹能力。

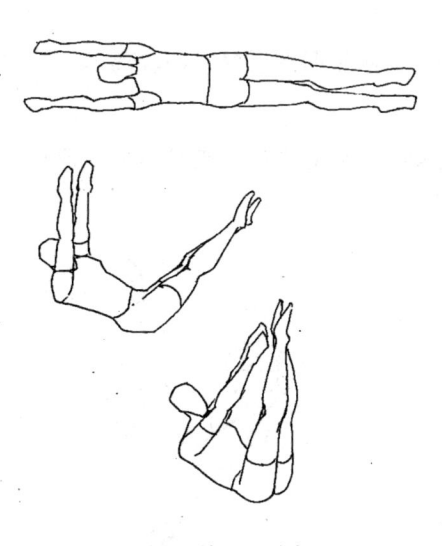

图6-26　垫上两头起

（五）仰卧举腿伸展（图6-27）

练习要求：两手向后伸展固定，举腿前折叠右膝，再折叠左膝，两腿屈膝向头部方向移动至极限后向上伸展至最高点，臀部随之离开地面。

练习目的：熟悉摆体伸展动作。

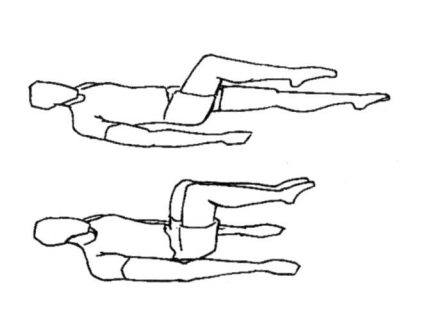

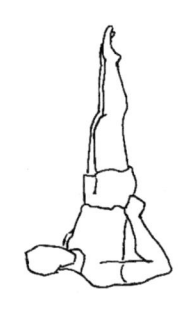

图6-27 仰卧举腿伸展

（六）仰卧上下打腿（图6-28）

练习要求：仰卧，两手肘部后撑，两脚离地，两腿伸展上下打腿，速度要快。

练习目的：发展腹部绝对力量，提高腿部快速移动能力。

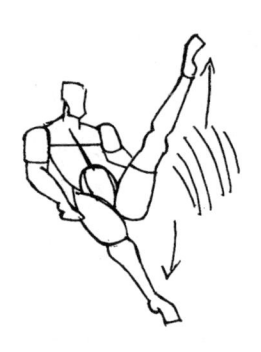

图6-28 仰卧上下打腿

（七）仰卧交叉摆腿（图6-29）

练习要求：仰卧，两手肘部后撑，两脚离地，两腿伸展大幅度交叉打腿。

练习目的：增加髋关节灵活性和髋关节柔韧性。

图6-29　仰卧交叉摆腿

四、弹跳力量训练方法

（一）跳栏架练习（图6-30）

练习要求：栏架高度与间距可根据运动员的水平设定，跳栏架时动作要快，两脚落地轻盈。

练习目的：发展弹跳力、腹部控制力。

图6-30　跳栏架

（二）跳跳箱练习（图6-31）

练习要求：跳箱高度根据运动员水平由低到高摆放，技术动作与跳栏架类似，可向前上方跨越过跳箱。

练习目的：提高绝对弹跳力和弹跳速度能力。

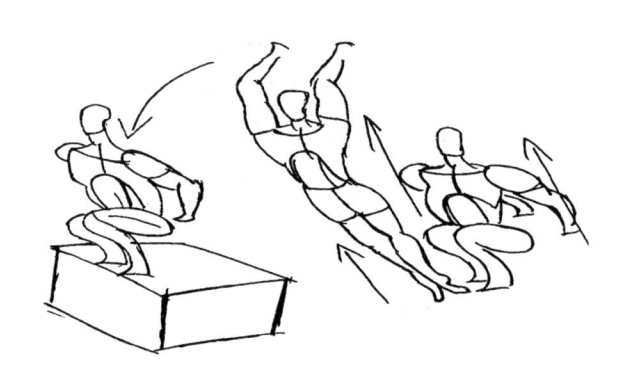

图6-31　跳跳箱

（三）10步、12步做跳远练习

练习要求：注意助跑节奏，以及助跑和踏跳的衔接。
练习目的：提高助跑与起跳的能力。

（四）蛙跳

练习要求：屈膝半蹲，两脚同时起动、同时落地，连续快速收腹蛙跳，注意每次跳完后停留时间应短一些。
练习目的：增强弹跳力、腿部力量和踝关节力量。

（五）单脚跳（图6-32）

练习要求：一侧腿伸展，另一侧腿屈膝提起连续向前跳。双臂跟随下肢动作度沿半圆形轨迹摆动。

练习目的：发展腿部弹跳力和爆发力，提高关节支撑力。

图6-32 单脚跳

（六）多级跨步跳（图6-33）

练习要求：逐步加大跨步步幅，不断提高跨越速度。

练习目的：提高腿部弹跳力、速度力量、爆发力和关节支撑力，增加身体稳定性。

图6-33 多级跨步跳

（七）原地收腹跳、弓箭步跳、向后屈膝跳（图6-34）

练习要求：原地纵向跳跃，手臂配合摆动，收腹跳至胸部高度；弓箭步跳跃时注意两脚离地高度和髋关节分开度；向后屈膝跳时注意大小腿向后折叠，以及跳跃高度。

练习目的：提高弹跳力、速度力量和身体核心部位的控制力。

图6-34　原地收腹跳、弓箭步跳、向后屈膝跳

第五节　柔韧性训练

柔韧性训练主要是在准备活动中和训练结束部分进行，也可以单独安排一节课进行柔韧性训练。柔韧性训练的目的是防止肌肉受伤，增加肌肉关节的活动范围。柔韧性在很多体育项目中都是重要的体能训练内容，但是项目不同，采取的训练手段也有所区别。

在现代训练中，除了传统的准备活动和放松训练方法外，泡沫滚轴激活和唤醒全身肌肉也被运用到了准备活动和放松活动中，尤其是在赛前训练的准备活动中。这一方法主要是将运动员自身重量与滚轴相互作用产生的压力施加于肌肉、筋膜，使运动员深度拉伸大小肌肉群，帮助小关节复位，促进软组织血液循环，从而达到激活肌肉的目的。泡沫滚轴训练方法更多出现在基础体能训练中，一般不会因项目不同而改变，常规操作方法都是将滚轴放置于腿部、背部或体侧下方，身体与滚轴接触滚动。

撑竿跳高项目对运动员柔韧性的要求很高，尤其是肩关节柔韧性。如果撑竿跳高运动员的肩关节较硬，起跳时举竿高度和形成的角度小，那么起跳后悬垂摆体时形成的"钟摆"动作幅度就小，有碍于后面动作的完成。下肢柔韧性对撑竿跳高运动员也很重要，下肢柔韧性好有助于提高摆体过程中转动的速度。

撑竿跳高运动员肩部和腿部柔韧性的提高有助于加大动作幅度，从而提高插竿、起跳、摆体、伸展等技术环节的动作质量。总之，加强柔韧性训练对于撑竿跳高运动员具有重要意义。

一、肩部柔韧性练习

（一）双臂压肩（图6-35）

练习要求：双手扶肋木或杠铃杆，面向肋木站立，身体前屈90°，手指向下，有节奏地做压肩、振肩动作。

练习目的：提高肩部柔韧性。

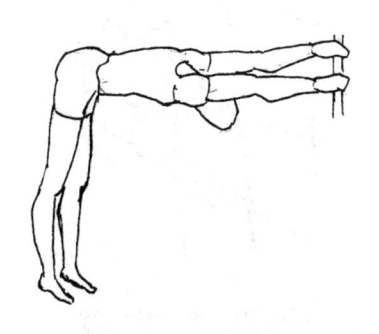

图6-35 双臂压肩

（二）倒立走（图6-36）

练习要求：倒立，用手臂走路。注意伸展身体。
练习目的：提高身体控制能力。

图6-36 倒立走

（三）单手侧腰拉伸（图6-37）

练习要求：侧身站在肋木旁，内侧手臂拉住髋关节对应处，抬手直臂拉住肋木，脚靠近肋木，身体向外振动。
练习目的：提高肩部柔韧性。

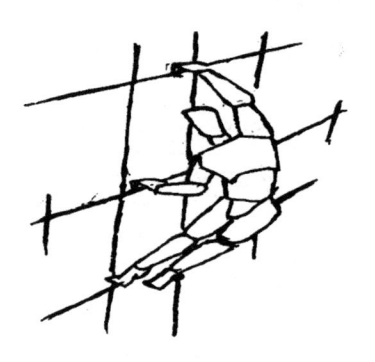

图6-37 单手侧腰拉伸

（四）转肩（图6-38）

练习要求：两手握住棍棒/弹力带，做前后转肩动作。

练习目的：促进肩关节灵活性的提高。

图6-38 转肩

二、腿部柔韧性练习

（一）正压腿（图6-39）

练习要求：上体和抬起腿的夹角为90°。另外一条腿做站立支撑，上体前屈，重复练习。

练习目的：提高大腿后侧肌肉韧带的柔韧性。

图6-39 正压腿

（二）向后摆腿（图6-40）

练习要求：双手扶肋木，身体斜支撑，摆动腿用力向身后抬高，左右腿交换重复练习。

练习目的：提高腿部灵活性和柔韧性。

图6-40　向后摆腿

（三）侧摆腿（图6-41）

练习要求：双手扶肋木，摆动腿向身体侧方向抬高，左右腿交换练习。
练习目的：拉伸大腿内侧肌肉，提高柔韧性。

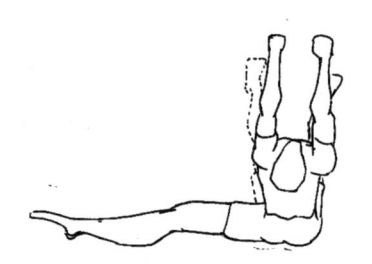

图6-41　侧摆腿

（四）劈叉

练习要求：正面劈叉和侧面劈叉，膝关节尽可能伸直。
练习目的：打开髋关节，增加腿部柔韧性和肌肉弹性。

（五）跪立屈髋拉伸（图6-42）

练习要求：身体由跪立姿势开始，上体向后倾斜直至背部落地，上体位于两腿之间。
练习目的：拉伸大腿前侧肌肉。

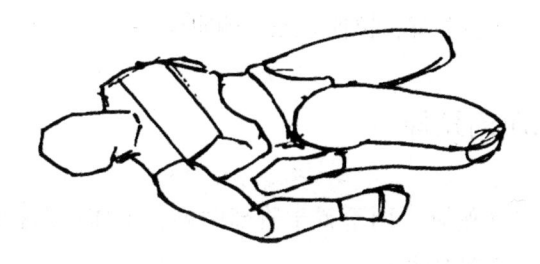

图6-42　跪立屈髋拉伸

（六）坐角前屈

练习要求：坐于垫子上，直膝，两腿夹角尽可能大，身体前屈，保持一定时间。
练习目的：拉伸大腿内侧肌肉。

（七）小腿肌肉群拉伸

练习要求：手撑地，两脚脚后跟落地平放，折叠重心成顶峰，腿部伸直，头部放置于两臂间。

练习目的：拉伸跟腱肌肉。

（八）髋关节拉伸一

练习要求：两腿分开成跪姿，肘关节支撑前倾，两腿分开到最大幅度。
练习目的：打开髋关节，增加跑步幅度。

（九）髋关节拉伸二

练习要求：两腿分开成跪姿，一腿前摆成弓步，后侧膝关节伸直，脚背落地，尽量降低髋到地面高度。
练习目的：打开髋关节，拉伸大腿前侧肌肉群。

（十）腹部肌肉拉伸

练习要求：身体俯卧，两手置于胸部两侧，上体逐渐抬起，髋关节离地，膝关节以下部位在地面。
练习目的：拉伸腹部肌肉。

（十一）腰部旋转拉伸（图6-43）

练习要求：以左侧为例，身体成坐姿，左腿伸直，右腿屈膝交换到左侧，左手抬起将肘关节放置于右侧膝关节外侧，用力将右腿推向左侧，上体和腿部扭转，拉伸腰部肌肉，充分伸展脊柱。
练习目的：拉伸腰部和背部肌肉。

图6-43 腰部旋转拉伸

三、柔韧性训练的注意事项

在进行柔韧性训练时，从关节和小肌肉群的小幅度动作开始，待身体逐渐发热之后逐步加大强度和幅度，切忌一开始就做大幅度、高速度的练习，以免受伤。柔韧练习放在准备活动中进行，作用在于激活肌肉，增加关节和肌肉的伸展幅度，防止肌肉拉伤。在放松阶段进行柔韧性练习可以起到放松肌肉、缓解机体疲劳、恢复体能的作用。撑竿跳高运动员在进行柔韧性练习时，腰部的拉伸、旋转很有必要，因为撑竿跳高起跳瞬间对运动员腰部力量的要求较高，关于这点，应特别注意个别对待，有针对性地进行练习。

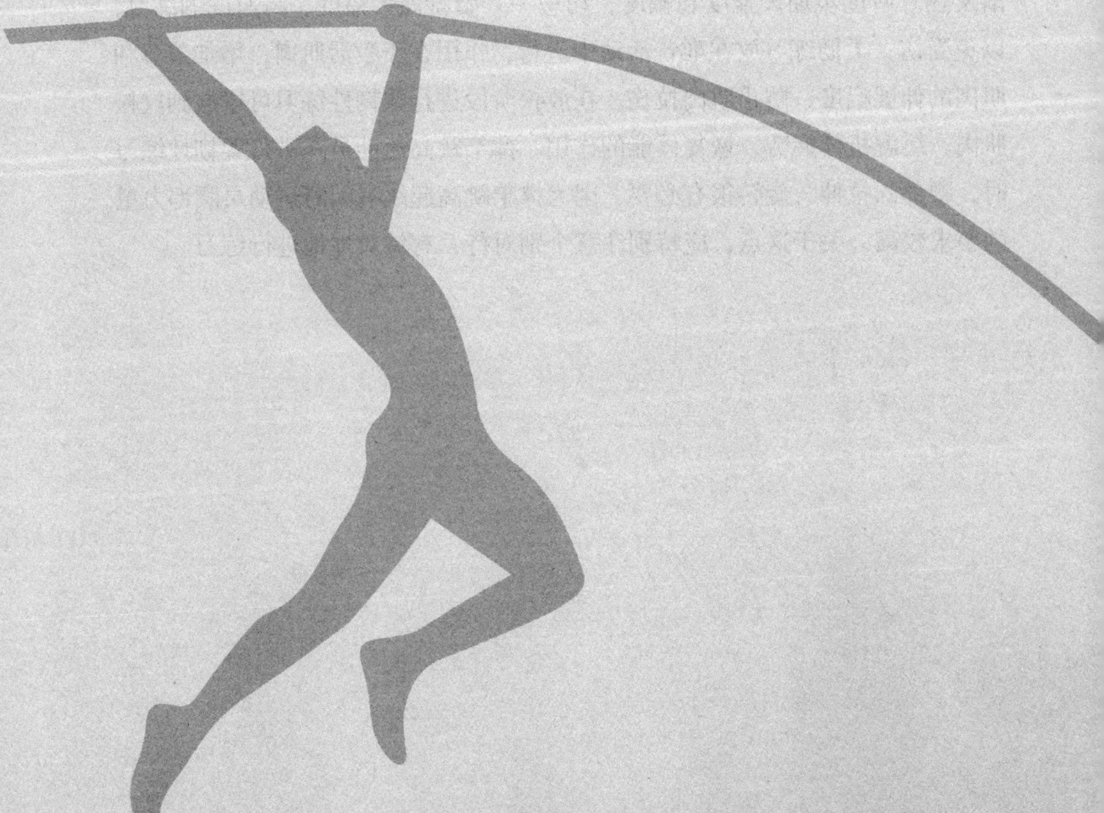

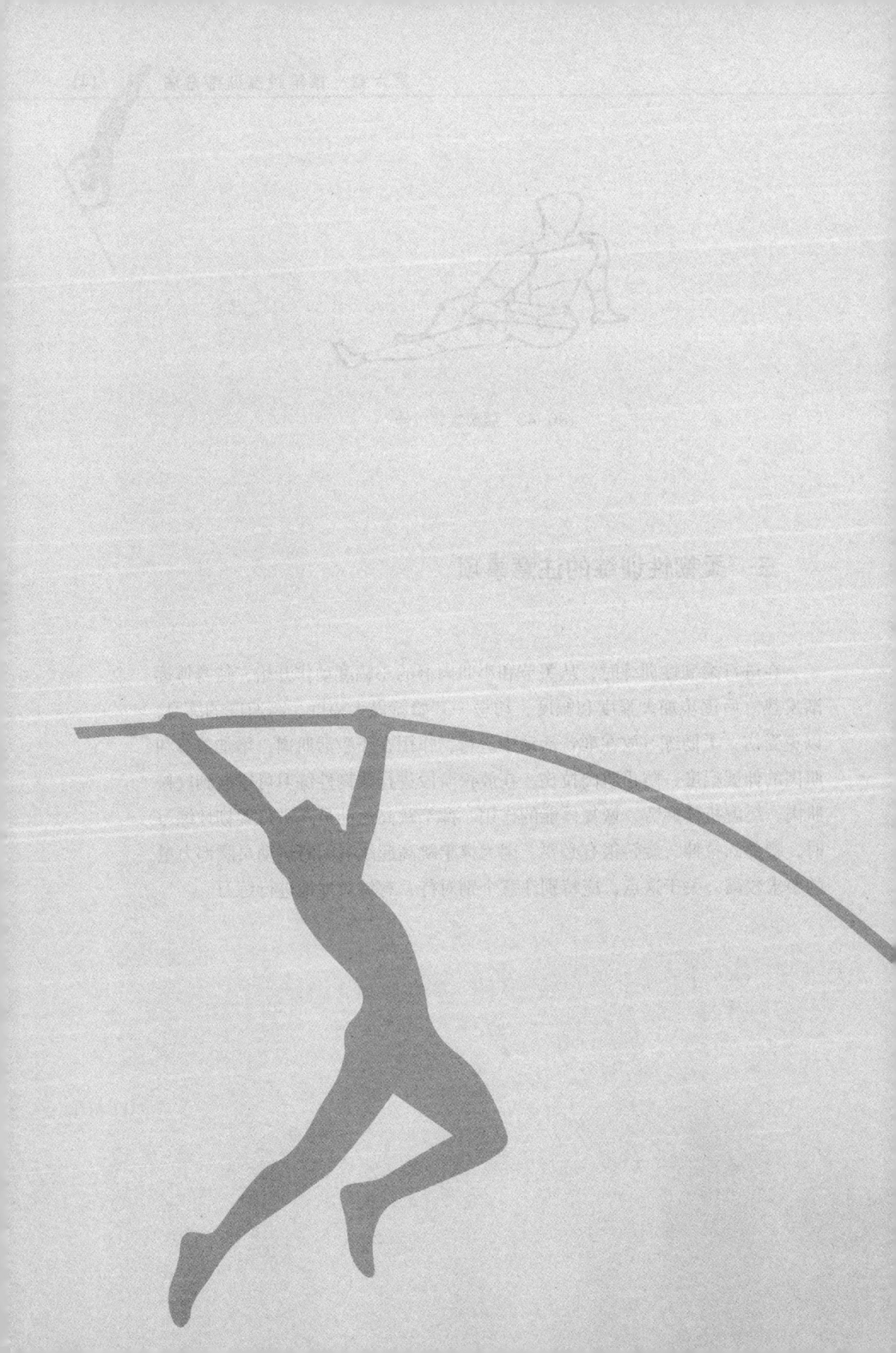

第七章 撑竿跳高训练年度计划方法范例

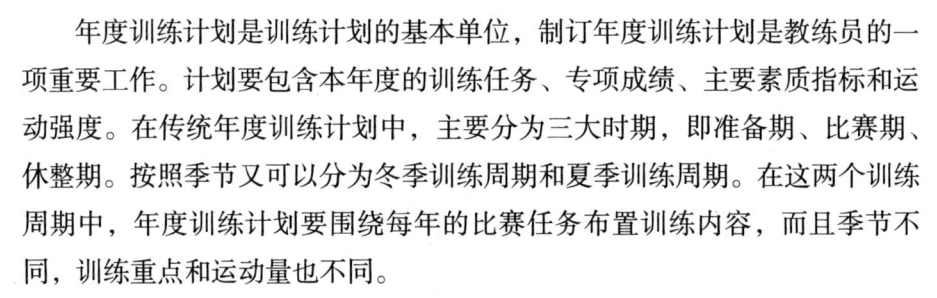

年度训练计划是训练计划的基本单位，制订年度训练计划是教练员的一项重要工作。计划要包含本年度的训练任务、专项成绩、主要素质指标和运动强度。在传统年度训练计划中，主要分为三大时期，即准备期、比赛期、休整期。按照季节又可以分为冬季训练周期和夏季训练周期。在这两个训练周期中，年度训练计划要围绕每年的比赛任务布置训练内容，而且季节不同，训练重点和运动量也不同。

冬季训练阶段的安排从准备期开始，侧重于身体素质训练，主要为了提高运动员的绝对力量，尤其是专项所需的上肢力量、弹跳力量，同时也要努力提高运动员的专项速度、耐力速度等身体素质。在冬季训练阶段，技术训练以短程和中程距离助跑插竿起跳技术为主，重点加强插竿起跳的基本功练习和摆体阶段技术练习。

在夏季训练阶段，在全面提高身体素质的基础上，重点训练专项助跑速度，以短程速度为主，尤其是20~60米持竿跑，以强化专项技术，提高竞技水平。

无论在什么季节训练，专项运动强度决定运动水平。在不同阶段的训练中，教练员要完整记录训练计划执行情况，调整运动员遇到的不可抗力因素、人为因素等，及时记录训练变化情况。通过记录运动员的训练情况，可以把握运动员的身体机能状态和技术水平，并检验训练计划的合理性、科学性。表7-1是年度训练计划示例，仅供参考。

表7-1　年度训练计划

时期	准备期		比赛期		休整期
阶段	一般准备	专门准备	模拟比赛	集中比赛	
时间	3个月		2~2.5个月		0.5~1个月
	1~1.5个月	1.5~2个月			
负荷 量	中	最大、大	中	中、小	小或中
负荷 强度	小	小、中	中、大	大、最大	最小
方法 发展素质	以持续法、间歇法为主	以间歇法、重复法为主	以重复法、间歇法为主	以比赛法、重复法为主	以游戏法、变换法为主
方法 改进技术	以分解法为主	分解法、完整法	以完整法为主	以完整法为主	以分解法为主
手段	以多种多样的一般身体素质练习为主，辅助少量的专项练习	以专项身体素质练习为主，练习手段相对集中	以模拟比赛练习为主，仍进行一定的专项身体素质练习	比赛，一般性积极恢复练习	改变环境或练习形式，增加一般身体素质练习的比重
恢复	注意负荷节奏，采用各种积极的、自然的恢复措施				减少负荷，变换练习的形式、地点与组合方式

第一节　撑竿跳高冬季周期训练计划范例

撑竿跳高冬季周期训练计划见表7-2至7-8。

表7-2　准备冬季训练阶段（8月下旬—9月中旬）

准备冬季训练阶段（8月下旬—9月中旬）		
第一周	第二周	第三周
有氧耐力：越野跑30分钟 柔韧练习20分钟 背肌、腹肌：（20-30次）×3组；直膝跳、单脚跳、跨步跳各（30-80米）×3组 身体素质：协调能力循环练习6×（10-15）次/组×4组 跳跃练习：蛙跳50米×3组 跨步跳 30米×3组 速度耐力：反复跑100米×6组 力量训练（60%强度):弯举、挺举、负重跳跃、双杠屈臂撑、单杠摆体（5-8次）×6组 专项训练：60米持竿跑×10次 短程技术练习20次 直竿摆体练习20次	有氧耐力20分钟 柔韧练习20分钟 腰腹/背肌：30次×6组 身体素质：体能循环练习6×（8-12）次/组×6组 体操练习：单杠、吊环、滚翻练习、空翻练习90分钟 速度耐力：反复跑150米×6组 专项训练：60米持竿跑×10次 8步助跑直竿跳20次直竿摆体20次 力量训练（40%强度）：快挺举、快速轻重量、双杠屈臂撑（8~10次）×6组 负重快速轻跳30次×6组	有氧耐力：越野跑60分钟 柔韧练习30分钟 垫上运动（背肌、腹肌、髋关节灵活性）（20-30次）×6组 专项速度练习：40米持竿跑×10×2次；80米×4×2次 跳跃练习：跨步跳（20-50米）×5组 负重弓箭步30米X6组 交换跳（20-30次）×6组 身体素质：循环练习8×（10-12）次/组×6组 体操练习：单杠、吊环、吊绳60分钟 力量训练（70%强度）：挺举、高翻、头后拉×6组 全蹲、俯卧后腿练习×6组 10-12步小竿助跑完整技术练习120分钟

表7-3 准备周训练计划

准备周主要训练目的与方法	准备周计划范例
训练目的：提高运动能力、耐力，增强心肺功能 练习方法： 1.主要采用多样化身体素质练习手段，增强速度耐力 2.多样化的小负荷力量练习 3.基本体操动作练习	周一：力量训练：50%强度，弯举、抓举、头后拉、半蹲跳、卧推各6组 周二：身体素质训练：跨栏、髋关节灵活性练习、腹肌练习、背肌练习、跳跃练习 周三：80米变速跑、体操（练习徒手操、垫上、单杠、双杠、吊绳）、技术模仿练习 周四：速度耐力：跑的专门练习，高抬腿跑100米×6组；后蹬跑150米×6组 周五：跳跃训练：40米3步助跑起跳×8次、单脚跳箱10次×6组、跨步跳交换跳各50米×6组 周六：专项技术：以短程助跑起跳技术、直竿摆体技术练习为主60分钟 周日：休息

表7-4 基础训练阶段（9月中旬—11月）

基础训练阶段（9月中旬—11月）		
第一周	第二周	第三周
1.速度课/2 40米持竿跑×5次 60米持竿跑×5次 60米持竿跑×5次 100米持竿跑×2次 2.专项训练/2 短程专项技术×20次 中程技术×20次 3.专项素质/2 单杠摆体5次×6组 吊环摆体5次×6组 背肌15千克负重20次×6组 4.力量训练/2 半蹲60%强度5次×6组 快挺60%强度5次×6组 5.跳跃练习/2 10级跨步跳×10次 30米单脚跳×6次	1.速度课/2 60米持竿跑×10次 100米持竿跑×5次 150米持竿跑×3次 2.专项训练/2 中程助跑起跳技术×30次 3.专项素质/2 单杠举腿5次×6组 吊环举腿5次×6组 背肌25千克负重15次×6组 双杠屈臂撑10次×6组 4.力量训练/2 抓举60%强度6次×6组 弯举60%强度6次×6组 全蹲60%强度6次×4组 5.跳跃练习/2 跳栏架8次×10组 三步助跑起跳30米×6组	1.速度课/2 40米持竿跑×15次 80米持竿跑×4次 100米持竿跑×2次 2.专项训练/2 短程和全程助跑起跳×50次 3.专项素质/2 爬绳15米×6组 引体成支撑5次×6组 单杠摆体5次×6组 4.力量训练/2 半蹲75%强度（3-5次）×6组 抓举、卧推75%强度（3-5次）×6组 颈后推50%强度6次×6组 负重跳跃50%强度30次×6组 5.跳跃练习/2 12-14步助跑跳远×15次

续表7-4

第四周	第五周	第六周
1.速度训练/2 60米持竿跑×6次 100米持竿跑×4次 2.专项训练/2 短程和全程助跑起跳过竿×50次 3.专项素质/2 爬绳×6组 单杠成支撑5次×6组 摆体5次×6组 4.力量训练/2 半蹲80%强度（8-10次）×6组 挺举80%强度（8-10次）×6组 斜卧推80%强度（5-6次）×6组 屈臂撑6次×6组 头后拉80%强度（8-10次）×6组 5.跳跃练习/2 壶铃半蹲跳10次×6组 跨步跳20米×6组	1.速度训练/2 80米持竿跑×6次 80米徒手跑×6次 2.专项训练/2次 短程和全程助跑起跳过竿×50次 3.专项素质/2 肋木举腿20次×6组 吊绳摆体5次×6组 单杠摆体5次×6组 4.力量训练/3 硬拉 95%强度（2-4次）×6组 半蹲 95%强度（2-4次）×6组 抓举、仰卧头后拉 95%强度（5-8次）×6组 5.跳跃练习/2 壶铃蛙跳20米×6组 短跳（三级、五级跨跳和单足跳、十级蛙跳）4次	1.速度训练/2 40米持竿跑×4次 80米持竿跑×4次 40米持竿跑×4次 60米持竿跑×4次 2.专项训练/2 短程和全程助跑起跳过竿×60次 3.专项素质/2 肋木收腹20次×6组 吊绳摆体5次×6组 单杠摆体5次×6组 4.力量训练/2 半蹲100%强度(1-3次)×6组 抓举100%强度(1-3次)×6组 卧推100%强度(1-3次)×6组 仰卧头后拉100%强度(1-3次)×6组 5.跳跃练习/2 负重跳栏架10次 沙衣3步助跑起跳10次

表7-5 基础训练阶段准备周训练计划

基础训练阶段准备周训练目的与方法	周训练计划范例
主要目的：提高速度和全面身体素质主要方法： 1.负重弹跳练习，加大训练量 2.后两周以中短程助跑练习为主，提高起跳能力 3.专项速度与一般速度结合训练	周一：力量训练 周二：一般速度和专项速度训练，技术模仿练习 周三：体操练习，灵活性、柔韧性与协调性综合练习 周四：力量训练，着重训练腿部力量和上肢绝对力量 周五：专项技术练习和专项身体素质训练 周六：速度耐力训练、力量训练 周日：休息

表7-6 专项训练阶段（11月初—12月下旬）

专项训练阶段（11月初—12月下旬）		
第一周	第二周	第三周
1.速度课/2 60米持竿跑×10次 2.身项素质/2 单杠摆体5次×6组 吊环摆体5次×6组 背肌30次×6组 仰卧直膝收腹30次×6组 3.力量训练/2 半蹲80%强度（3-5次）×6组 弯举80%强度（5-8次）×6组 4.跳跃练习/2 跳栏架10次×8组 三步跳5次×6组 5.专项训练/2	1.速度训练/2 80米变速跑×10次 60米持竿跑×10次 2.专项素质/2 单杠摆体5次×6组 吊环负重摆体6次×6组 背肌负重20千克 20次×6组 倒立推5次×6组 3.跳跃练习/2 40米单足跳/跨步跳×6次 4.力量训练/2 挺举50%强度(5-8次)×6组 斜卧推 85%强度(5-8次)×6组 半蹲85%强度(5-10次)×6组 屈臂撑10次×6组 5.专项练习2 8步助跑起跳技术×20次12步助跑起跳过竿×20次	1.速度训练/2 100米变速跑×10次 60米持竿跑×10次 2.专项素质/2 单杠摆体5次×6组 吊绳摆体5次×6组 背肌千克20次×6组 鞍马收腹30次×6组 爬绳×6次 3.力量训练/2 弯举50%强度10次×6组 高翻85%强度5次×6组 颈后推40%强度10次×6组 半蹲85%强度6次×6组 踝关节负重30千克跳跃30米×6组 4.跳跃练习/2 跨步跳60米×8次 3步助跳40米×8次 5.专项练习/2 10步助跑起跳技术×15次 12步助起跳过竿×30次 技术模仿45分钟
第四周	第五周	第六周
1.速度课/2 80米往返跑×6次 2.身项素质/2 单杠摆体5次×6组 吊环摆体5次×6组 肋木收腹20次×6组 背肌30次×6组 仰卧直膝收腹30次×6组 爬绳6次 3.力量训练/2 半蹲70%强度（3-5次）×6 弯举70%强度（5-8次）×6 斜卧推70%强度（3-6次）×6组 4.跳跃练习/2 中程三级跳远15次 60米跨步跳×6次 5.专项训练/2 12步起跳过竿20次 14步起跳过竿20次	1.速度训练/2 80米往返计时跑×8次 2.专项素质/2 单杠摆体5次×6组 吊环负重摆体6次×6组 背肌负重20千克 20次×6组 爬绳×6次 倒立推5次×6组 3.跳跃练习/2 14步跑跳远×12次 40米单足跳/跨步跳×6次 4.力量训练/2 挺举50%强度(5-8次)×6组 斜卧推 60%强度(5-8次)×6组 全蹲65%强度(5-10次)×6组 屈臂撑10次×6组 5.专项练习/2 12步助跑起跳技术×20次14步助跑起跳过竿×20次	1.速度训练/2 60米计时跑×10次 2.专项素质/2 单杠摆体5次×6组 吊绳摆体×5次×6组 背肌20千克20次×6组 鞍马收腹30次×6组 爬绳×6次 3.力量训练/2 弯举60%强度10次×6组 高翻60%强度5次×6组 颈后推40%强度10次×6组 半蹲80%强度6次×6组 踝关节负重30千克跳跃30米×6组 4.跳跃练习/2 五级跨步跳×8次 三级跳远×15次 5.专项练习/2 10步助跑起跳技术×10次 16步助跑起跳过竿×30次 技术模仿30分钟

表7-7 冬季训练周计划

冬季训练周主要任务与方法	冬季训练周计划范例
主要任务：以专项训练为主，强化专项技术训练 主要方法： 1.以中程助跑为主，全程每周进行一次，提高起跳能力 2.加强专项助跑速度训练	周一：力量训练，半蹲、弯举、快挺、踝关节跳跃、单杠/吊绳练习，技术模仿 周二：一般速度和专项速度训练，持竿跑，负重跑 周三：体操练习，灵活性、柔韧性与协调性综合练习 周四：中程、全程专项技术练习 周五：速度耐力、力量训练 周六：力量训练，主要训练腿部力量和上肢绝对力量 周日：休息

表7-8 冬季训练检查周计划

检查周1月初	检查周1月中旬
第1周	第2周
1.速度课/2 30米计时跑X5次 60米计时跑X4次 2.力量训练/2 半蹲、抓举、深蹲、高翻 3.跳跃练习/2 10米单脚跳、60米计时跨步跳	1.体操素质检测 测试前空翻、倒立、引体向上、单杠成支撑、双杠练习 2.专项检测 3.冬训结束，布置下阶段任务，准备进入春、夏赛季

第二节　撑竿跳高夏季周期训练计划范例

撑竿跳高夏季周期训练计划见表7-9至7-13。

表7-9　准备训练阶段（2月中旬—3月初）

1.速度课/2 60米持竿跑×12次 40米持竿跑×10次 2.专项素质 单杠摆体5次×6组 吊环摆体5次×6组 背肌15KG负重20×6组 爬绳×6 3.力量训练/2 半蹲70%强度5次×6组 快挺 80%强度5次×6组 4.跳跃练习/2 10级跨步跳×10次 30米单脚跳×6次 4.专项技术练习/2 短程技术练习×30次 三步举竿插穴顶竿练习×50次	1.速度课/2 60米持竿跑×12次 40米持竿跑×10次 2. 专项素质/2 肋木收腹20次×6组 肋木旋转收腹20次×6组 吊环摆体转体下5次×6组 负重背肌30千克30次×6组 爬绳×6次 3.力量训练/2 抓举75%强度 4次×6组 高翻80%强度 4次×6组. 半蹲90%强度 5次×6组 踝关节负重跳跃（向上、前后、交叉）30次×6组 4.跳跃练习/2 50米跨步跳×6次 40米三步起跳×6次 三级跳远×15次 5.专项训练/2 10步助跑起跳×10次 12步助跑起跳过竿×30次 技术模仿45分钟

表7-10　专项基础训练阶段（3月初—4月初）

专项基础训练阶段（3月初—4月初）		
第一周	第二周	第三周
1.速度训练/2 30米持竿计时跑×6次 60米持竿计时跑×6次 2.专项素质/2 助跑吊环摆体过竿×15次 吊环摆体5次×6组 单杠摆体5次×6组 引体向上10次×10组 3.力量训练/2 负重半蹲90%强度（3-4次）×6组 挺举、弯举、卧推85%强度4次×6组 4.跳跃练习 中程跳远×20次 10级跨步跳×10次 5.专项技术练习 8步短程起跳、倒立练习×20次 14步起跳过竿×30次 技术模仿	1.速度训练/2 40米持竿计时跑×6次 80米持竿计时跑×6次 2.专项素质/2 助跑吊环摆体过竿×10次 吊环摆体5次×6组 单杠摆体5次×6组 引体向上10次×10组 3.力量训练/2 负重半蹲80%强度（3-4次）×6组 挺举、弯举、卧推75%强度4次×6组 4.跳跃练习 三级跳远跳远×10次 30米跨步跳×10次 5.专项技术练习 8步短程起跳×20次 14步跳过竿×40次 技术模仿	1.速度训练/2 40米持竿计时跑×10次 60米持竿计时跑×8次 2.专项素质/2 肋木摆体20次×8组 单杠摆体5次×8组 引体向上10次×10组 单杠支撑5次×6组 爬绳×6次 3.力量训练/2 负重半蹲70%强度（3-4次）×6组 挺举、弯举、卧推65%强度 4次×6组 4.跳跃练习 三级跳远×15次 10级跨步跳×10次 5.专项技术练习 8步短程起跳、倒立练习×10次 14步起跳过竿×20次 技术模仿
第四周	第五周	
1.速度训练/2 40米持竿计时跑×6次 80米持竿计时跑×6次 2.专项素质/2 助跑抓吊绳摆体×20次 吊环摆体5次×6组 背肌负重 20千克 仰卧举腿伸展20次×6组 负重爬绳×6次 3.力量训练/2 坐蹲85%强度（8-10次）×6组 挺举80%-85%强度（8-10次）×6组 抓举 80%-85%强度（6-8次）×6组 4.跳跃练习/2 30米跨步跳×6次 中程跳远×16次 40米单足跳×8次 5.专项练习/2 8步助跑起跳×10次 16步助跑起跳过竿×20次 技术模仿30分钟	1.速度训练/2 60米持竿计时跑×6次 40米持竿计时跑×6次 2.专项素质/2 单杠摆体5次×8组 吊绳摆体5次×6组 弯竿摆体5次×6组 背肌负重20千克 3.力量训练/2 坐蹲85%强度（8-10次）×6组 挺举80%-85%强度（8-10次）×6组 抓举 80%-85%强度（6-8次）×6组 4.跳跃练习/2 30米跨步跳×6次 中程跳远×16次 40米单足跳×8次 5.专项练习/2 8步助跑起跳×10次 16步助跑起跳过竿×30次 技术模仿30分钟	

表7-11 专项训练阶段（4月初—5月中旬）

专项训练阶段（4月初—5月中旬）		
第一周	第二周	第三周
1.速度课/2 60米持竿计时跑×10次 2.专项身体素质/2 肋木摆体20次×8组 单杠摆体5次×8组 引体向上10次×10组 单杠支撑5次×6组 爬绳×6次 3.力量训练/2 负重半蹲70%强度（3-4次）×6组 挺举、高翻75%强度 5次×6组 4.跳跃练习/2 中程跳远10次 40米跨步跳10次 跳箱练习10次×8组 5.专项训练/2 8步助跑起跳×10次 12步助跑起跳过竿×30次 技术模仿30分钟	1.速度课/2 40米持竿跑×15次 60米持竿计时跑×10次 2.专项训练/2 短程10次 14步助跑起跳过竿20次 技术模仿45分钟 3.专项素质/2 引体成支撑5次×6组 单杠摆体5次×6组 弯竿摆体5次×6组 4.力量训练/2 坐蹲85%强度（8-10次）×6组 挺举75%-80%强度（8-10次）×6组 抓举 75%-85%强度（6-8次）×6组 5.跳跃练习 60米跨步跳 14步跳远×20次	1.速度课/2 40米持竿跑×10次 2.专项身体素质/2 弯竿摆体5次×8组 单杠摆体5次×8组 引体向上10次×10组 单杠支撑5次×6组 助跑吊绳摆体×20次 倒立爬绳×6次 3.力量训练/2 负重半蹲75%强度（3-4次）×6组 挺举、弯举85%强度 4次×6组 高翻85%强度 5次×6组 4.跳跃练习/2 跳栏架10次×8组 40米跨步跳×10次 5.专项训练/2 8步助跑起跳×10次 16步助跑起跳过竿×30次技术模仿30分钟
第四周	第五周	第六周
1.速度训练/2 40米持竿计时跑×10次60米持竿计时跑×8次 专项素质/2 肋木摆体20次×6组 助跑吊环摆体30次 背肌练习负重20千克×4次×6组 爬绳×6次 2.力量训练（2次课） 挺举60%强度8次×6组 抓举70%强度4次×6组 坐蹲60%强度4次×6组 头后拉85%强度（8-10次）×6组 3.跳跃练习（2次课） 60米跨步跳×8次 4.专项练习/2 8步助跑起跳技术×10次14步助跑起跳竿×20次技术模仿30分钟	1.速度训练/2 40米持竿计时跑×10次 60米持竿计时跑×8次 150米持竿计时跑×4次 专项素质/2 肋木摆体20次×6组 助跑吊环摆体30次 背肌练习负重20千克4次×6组 爬绳×6次 2.力量训练（2次课） 挺举70%强度8次×6组 抓举80%强度4次×6组 坐蹲85%强度10次×6组 头后拉85%强度（8-10次）×6组 3.跳跃练习（2次课） 10级跨步跳×8次 40米单脚跳 4.专项练习/2 8步助跑起跳技术×10次 14步助跑起跳过竿×20次 技术模仿30分钟	

表7-12　赛前周训练安排（5月中旬—6月初）

赛前训练阶段	赛前训练阶段
第1周	第2周
周一：专项技术练习 周二：弹跳力量训练 周三：专项速度和上肢腰腹力量训练 周四：专项小力量训练、技术模仿练习 周五：准备活动和协调性练习 周六：训练比赛	周一：灵活性与协调性练习 周二：专项技术练习及腰腹力量训练 周三：体操练习 周四：专项速度训练和专项技术模仿练习 周五：准备活动及协调性训练 周六：训练比赛

表7-13　比赛周计划

主要任务，减少运动量和训练手段，注重各项目完成量，轻松训练	周一：持竿跑40米×6次；60米软道弹跳及起跳练习、腰腹背肌训练30次×6组 周二：专项完整技术训练10次 周三：力量练习，强度60%，半蹲、卧推、弯举、跳箱，10次×4组 周四：准备活动、腰腹训练 周五：准备活动及场地助跑节奏适应训练 周六：训练比赛 周日：比赛

第八章 撑竿跳高比赛注意的问题

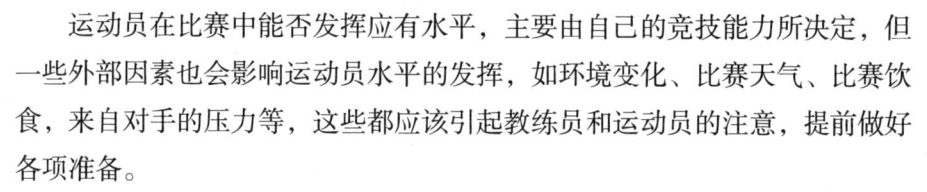

运动员在比赛中能否发挥应有水平，主要由自己的竞技能力所决定，但一些外部因素也会影响运动员水平的发挥，如环境变化、比赛天气、比赛饮食、来自对手的压力等，这些都应该引起教练员和运动员的注意，提前做好各项准备。

随着现代撑竿跳高技术的不断发展，比赛也越来越被世界各国运动员重视。实践证明，比赛是最好的训练手段之一，因此，比赛在全年训练中占据不可忽视的重要地位。妥善处理比赛与训练的关系，也是训练要点之一。通过比赛可以检查运动员训练的效果，发现平时难以发现的问题，以便更科学地制订比赛后的训练计划。因此，运动员要争取多参加比赛，以赛代练，争取全年都能保持良好的竞技状态。对于高水平运动员来说，全年参加的比赛不应少于10次，否则不利于积累比赛经验。撑竿跳高比赛不仅考验运动员的技能水平、参赛能力和参赛经验，对心理素质的要求也很高，因此运动员应时刻都保持良好竞技状态，适应竞赛要求。

第一节　做好比赛前准备工作

运动员在比赛时的心理状态和日常训练时的心理状态是有所不同的，为了在赛中保持良好的心态，运动员要做好赛前准备工作。2024年的全国室内田径大奖赛西安站，这场比赛参赛人数较少，项目设置也少，男子撑竿跳高只有8人参赛，女子撑竿跳高有16人参赛，我们以这一站的女子撑竿跳高比赛为例。比赛安排在2024年3月3日14：30分进行，在13时，运动员已经开始在检录处预检，场地内开了暖气，温度较舒适。分站室内赛，人数不多，此时西安天气比较寒冷，运动员提前进入场地开始准备活动，活动范围较小，仅在跑道边缘。比赛前一个小时正式检录前，大部分运动员仅完成了热身慢跑、肌肉动态牵拉和肌肉激活运动，即一般性准备活动。赛前一个小时，撑竿跳高裁判员让运动员排队进入场地。运动员进入场地后打开了自己的撑竿套筒，取出竿子试跳，调试步点准备比赛。

对于撑竿跳高项目来说，16人参赛，时长在2个小时以上。有的运动员从短程直竿开始，也有运动员拿着小型号竿子从短程弯竿开始，她们逐渐调试助跑步点和适应竿子，进入比赛状态。

图8-1、8-2为此次比赛的部分检录要求与图示。

图8-1 检录处

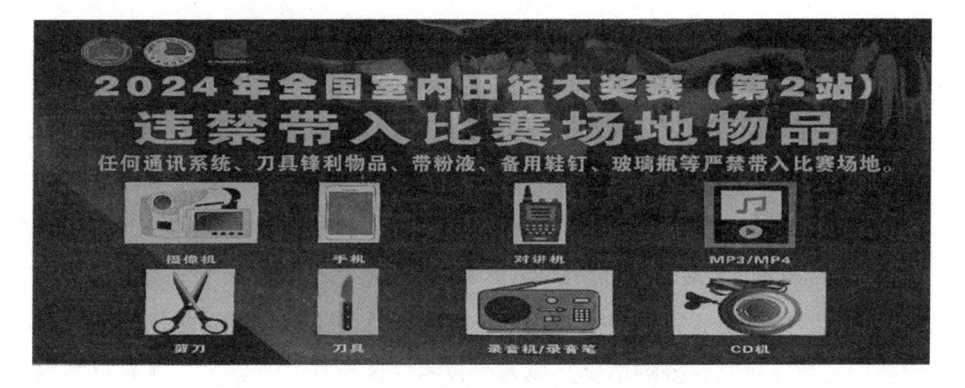

图8-2 禁止带入比赛场地物品

这次比赛是国内一个比较常规的分站赛事，其规模和重要性不能和国内三大赛事（全运会、锦标赛、城市运动会）相比，竞争性也比较弱。因此在试跳步点阶段，所有运动员依次练习试跳，未出现争先恐后的情况，但是运动员的准备活动范围比较小，不可能像平日练习那样有充足的活动场地。所有参加比赛的运动员都在跑道上进行试跳，运动员试跳步点的机会可能只有1~2次，这意味着和平日技术训练时从起跳过竿开始热身是不一样的，这无疑会使运动员感到紧张。但运动员要克服心理紧张和压力，暗示自己比赛就是享受，尽情展现自己的技术水平即可。在1~2次试跳中，运动员要快速判断今天的状态以及步点远近，当运动员能够插竿起跳，或者裁判放置了试跳器材，运动员完成了过竿试跳，这才算是结束了热身准备活动。然后运动员穿上外套，注意肌肉保暖，再有条不紊地完成下列工作。

（1）根据临场的准备活动和自己的经验判断对手的实力，了解参加比赛的人数，并到裁判处登记信息，如横杆距离、免跳高度。

（2）通过试跳检查助跑距离，检查撑竿跳高架与插斗的距离，确定是否还需要调整，如有问题则应分析原因并及时解决。

（3）完成比赛前的试跳后，观察场内周围环境，找到适合休息和做准备活动的地方，等候比赛。

（4）记住自己的试跳位置，记住前后运动员，不要离场地太远，以免有运动员免跳，该自己试跳时错过活动时间。

第二节 运动员在比赛中心理素质的培养

在激烈的比赛竞争中，运动员不仅消耗身体能量，还要付出巨大的心理能量。运动员之间比拼的不仅是体力、技术，还包括心理素质。尤其是高水平运动员实力相当，在比赛中心理承受能力尤为重要。

撑竿跳高对运动员心理素质的要求很高，从事该项目的运动员需要具备勇敢、胆大等心理特征，如果心不在焉，势必会影响训练和比赛成绩，甚至出现危险情况。所以在撑竿跳高训练中教练员有必要对运动员进行心理训练，在培养运动员反应速度能力、身体在空中的感知能力、空间本体感觉能力、空间定向能力等素质的同时，应进行必要的保护性提示和心理训练，以提高运动员的心理承受能力，同时也能预防危害事故发生。

撑竿跳高项目的技术特点对运动员的心理特征提出了独特的要求，比如在助跑和起跳的过程中需要运动员果断、大胆，神经系统兴奋性增强。但某些技术环节如支撑过竿又要求运动员动作敏捷，神经系统保持平衡，在最后关键阶段不仅要求运动员动作敏捷，还要控制自己的情绪。撑竿跳高比赛持续时间很长，运动员神经能量消耗很大，所以在临近比赛的训练阶段要最大程度地激发运动员的身体能量，使其有勇气挑战更高的高度。

因此，为了使运动员保持稳定的比赛状态，建议在比赛时也保持与平日一样的节奏，在比赛中不要轻易尝试换运动员不熟悉的竿子，也不要轻易尝试改变热身方式，新的尝试建议安排在日常训练中比较好。为了让运动员能够在比赛中稳定发挥，需要注意以下几点。

一、集中注意能力

在撑竿跳高比赛中影响运动员发挥的不可控因素较多，如伤病，自我感觉，赛前休息情况，比赛场地条件、气候、风向，观众的欢呼声，赛场音乐声，对手的表现，不断增加的高度，以及对手在试跳时发生意外事故等，这些都有可能引起运动员情绪的波动，分散其注意力。针对以上因素，运动员要自觉克服困难，在比赛中表现出顽强的意志力，包括主动、自觉、勇敢、果断，这些心理特征可以帮助运动员把注意力集中在比赛上，完成比赛任务和目标。

除此之外，运动员在比赛中还要沉着应战、冷静思考、认真对待每一个准备试跳的高度，以免发生意外。例如，在2004年北京室内田径锦标赛男子撑竿跳高比赛中，一名运动员在起跳后，竿子弯度还不够大时就迅速弹直，此时运动员的身体在穴斗上方的垂直面，其在这种情况下就摆体转体过杆，竖直的撑竿没有向前的速度，运动员在下落时掉在垫子边缘的穴斗里，出现了危险的一幕，使得比赛氛围更加紧张，也增加了其他运动员的心理压力，尤其是紧跟在其后面准备试跳的运动员，这种突发状况明显影响了他们后续比赛的注意力。所以，撑竿跳高运动员在赛场上应保持稳定的心理状态，在每次试跳前要专心致志地考虑动作的细节，做好心理准备，以保证每次试跳

的质量，这样即便发生意外，也能把影响降到最小。

二、培养挑战性心理

在运动场上常常可以看到这样的情况：当横杆升到超过本人最好成绩的高度时，或升到一个竞争名次的关键高度时，运动员的心理都会有一些变化，有的运动员即使上一个高度完成得很好，甚至比横杆高出一截，面对新的高度时也可能表现得不尽如人意，甚至与上一次的表现判若两人，出现助跑节奏改变，动作僵硬"变形"等问题。运动员即使在技术和身体素质上具备了跳过这个高度的能力，但如果在心理上还没有准备好，那么就可能真的跳不过。在高水平比赛中，大家参加同一级别的比赛，运动员之间的竞技水平差别不大，这时比的就是心理状态，心理状态甚至决定了运动员竞技水平的发挥。

一般水平的运动员由于比赛经验不足，比赛准备不充分，对于比赛中出现的问题不知道怎么解决，结果就导致比赛时信心不足，不能发挥正常水平，这说明她们比赛状态不稳定。优秀运动员经常参加比赛，不缺乏实战经验，即便这样，也可能在比赛中发挥不好，主要原因就出现在心理上，如总是回忆以往比赛中失败的经历，过于渴望名次和奖牌，长此以往便产生了心理压力，导致比赛中无法发挥正常水平，比赛成绩甚至不如日常训练，还有可能发生意外事故。

一般来说，如果运动员在比赛中遇到与自己实力不相上下或者不如自己的对手时，心理状态往往比较稳定，充满信心，从容不迫地发挥自己应有的水平，表现得轻松自如。我国撑竿跳高运动员现阶段还不具备在世界大赛（奥运会、世界田径锦标赛、世界田径联赛）中夺牌的绝对实力。相比而言，欧美撑竿跳高运动员在国际大型赛事中占优势，所以在国际比赛中，我国运动员就显得信心不足，存在准备不充分、心理紧张、技术没有正常发挥等情况。对此，必须加强对运动员的心理训练，使运动员认识到无论在什么样的比赛中都要树立挑战性心理，形成良好的比赛心理习惯。

优秀运动员在比赛中可以进行反向思考，比赛中遇到的问题是激发其挑战自己的动力。优秀运动员在技术上已经比较成熟，那么如何在比赛中发挥自己的应有技术水平才是关键。在每次比赛中，优秀运动员要积极发挥自己的优势，提醒自己不要过分关注日常训练中的小问题，不要被小问题影响自己的比赛发挥，自己只需要注意当下，在赛场上充分发挥敢于拼搏的精神，并随时做好挑战自己极限水平的心理准备。优秀运动员在状态好、天气好的情况下要敢于打破常规，如在适当的高度换大一型号的竿子，提高握竿点，增加助跑距离等。运动员要善于通过集中注意力和提高兴奋度来刺激自己的竞技状态，有时最佳成绩往往都是在比赛中激发出来的。

"其实赛场上最大的对手就是自己"，这是很多获得奥运会金牌的运动员在赛后采访时说的一句话。运动员不管面对什么样的对手，都要有敢拼的精神。

三、培养自信心理

撑竿跳高运动员要坚定信念，相信自己能够获得成功。特别是在与对手实力均衡的情况下，要重点从心理上去战胜对手，在思考每一跳技术的同时，让自己处于兴奋状态，激发起挑战自己和对手的欲望。

运动员在比赛中轮到自己试跳时，要沉着、冷静，准备时再检查一下撑竿跳高架的距离、撑竿的型号和握竿的高度是否合适？在每一次试跳之前，都要思考一下这次试跳在技术上要注意的问题，把要注意的动作与完整技术连起来想一遍，每一个高度要争取一次跳过，如未跳过，切勿紧张，要冷静分析失败的原因，判断起跳点的距离和举竿起跳动作有无问题，这些问题对跳跃结果有很关键的影响。此外，再想想平时容易造成跳跃失败的错误动作，自己是否又犯了同样的错误。

撑竿跳高比赛的时间较长，往往要持续数小时之久，这就要求运动员除了具有专项耐力外，还要有充沛的精力，防止体力和兴奋性短时间内下降。运动员在比赛过程中始终要以自我为主，不要受外界干扰。要注意肌肉保暖，试跳结束后要及时穿好运动服，原因在于肌肉关节遇冷收缩，容易变得僵硬，从而影响肌肉的伸展度和动作幅度。在比赛时保持肌肉的温度是保持良好竞技状态的重要方法之一，这也是运动员在比赛间隙穿着较长且厚实衣服的原因。运动员还要做好准备活动，目的就是激活肌肉，增加动作幅度，防止受伤。

运动员在等待比赛的时间里，要寻找合适的地方休息，保存体力，按自己的计划做准备，不要看到别人做准备活动自己也跟着活动。要记住自己试跳的顺序以及前后各有几个人，随时注意他们的活动情况和免跳情况，以便做好试跳前的准备活动。由于比赛时间较长，所以在比赛中准备一些巧克力、饮料是很有必要的，但要控制摄入量。如果是在阴天比赛，还要准备好毛巾、雨伞和更换的服装。在雨中比赛，为防止竿滑，提前准备好黏性强的橡胶液。

四、克服"怕高"的心理

撑竿跳高运动与其他田径项目不同，男子项目横杆高度有五六米，有一种横杆"穿越云霄"的感觉。撑竿跳高的升杆计划一般是20厘米、15厘米、10厘米，在最后争夺名次或者破纪录时升杆计划会出现变化。虽然每一个高度之间距离接近，但是跨过几个高度后，运动员的心理状态就会发生变化。有时运动员面对已知的高度，尤其是接近或者超过自己最好成绩的高度，表现得畏缩不前，犹豫彷徨。要克服这种心理，运动员就要多参加比赛，积累丰富的比赛经验，平时训练时也要克服"怕高"的心理，培养勇于征服"高度"的自信心理，从而勇敢面对高度挑战，敢于冲击和挑战新的高度。运动员可以结合自己的训练和比赛经验，提前计划自己的起跳高度和免跳计划，再根据现场情况作微调。

五、培养稳重、自我控制的心理

撑竿跳高的赛场可谓风云变化，气温、风向、场地是否湿滑，这些因素都会对现场比赛成绩造成影响。运动中突遇恶劣天气，用竿计划也会发生变化，所以没有到比赛结束，过早预判前八名都是没有意义的。运动员要在自己准备的高度上争取一次越过，尤其是到了关键的高度，一次试跳的成败往往决定整个比赛的胜负。例如，2002年全国田径冠军赛男子比赛中，在5.00米这个高度上，由于天气突然变化，刮起顶风，致使多名运动员在这个高度上失败。比赛最后的结果是4.80米的成绩由第二名排到第九名。根据比赛规则，同样的成绩以失败次数和同一高度过杆的先后次序决定名次。可见撑竿跳高运动员必须具备稳重、自我控制的心理，无论在什么情况下都能沉着应战，认静地对待每一次试跳，控制好自己的情绪，争取在每一个高度上第一次就试跳成功。

第三节 充分适应比赛状态

运动员参加比赛与平日训练有些不同，试跳次数少，且要在1～2次试跳中确定好自己全程助跑的距离，快速进入完整技术试跳，而且在比赛开始后，每跳间隔时间长。缺乏实战经验的运动员在比赛前容易出现心理不稳定、活动不充分的情况。为了让运动员在比赛中快速进入状态，必须做好赛前准备工作，保持良好的比赛状态，以稳定的心态等待比赛的开始。在比赛中，运动员和教练员的现场互动也很重要，教练员在关键时刻的提醒、鼓励和肯定都非常重要，甚至会改变运动员的比赛结果。

一、比赛中教练员指挥的重要性

在比赛中教练员在看台上观看运动员比赛,运动员状态如何,教练员会通过其在试跳中的助跑速度和起跳步点以及完成的技术来作出判断。因此,在比赛中有的运动员比赛试跳后会看向教练员方向,尤其是试跳失败或者试跳不顺利时,他们都会以自己习惯的方式与教练员进行交流。运动员要结合教练员的意见和自己的体验快速进行判断,及时调整自己的状态,解决出现的问题。

比赛场上教练员的指挥因人而异,运动员长期以来与教练员形成了一定的互动习惯,比赛中无论是教练员大声训斥、手语交流,还是平静沟通,都能帮助运动员在场上发挥最佳水平。

二、根据升杆高度调节状态

根据撑竿跳高的技术特点和比赛流程来看,运动员需要根据比赛中的横杆高度来调节状态。起跳高度低的运动员,应在进场后一直保持不间断的准备活动,使身体机能处于良好状态,以快速适应比赛。有的高水平运动员会采用跳一个低高度的热身策略,因为他们不需要费很大的力气就能跳过这一高度,使身体机能一直保持一定的状态。大型比赛人数较多,如果起跳高度太高,等待时间会延长,有时可能需要等待1个小时以上,这样运动员的兴奋度会下降。若遇到天气变化,这种起跳方法也是一种常用的比赛战术。运动员在确保自己完成这个起跳高度就可以进入前八名的情况下通常就会使用这一战术。在国内以争夺名次为目的比赛中,经常有高水平运动员采用这个战术方法。采取这种起跳方法的运动员一般训练水平较高、技术熟练、状态稳定。他们参加比赛时准备活动的特点是强度大、时间短,进入比赛状态的时间也短。

随着横杆的升高,每跳过一个高度后,身体活动量也逐渐加大了,中枢神经系统的兴奋性也逐步提高。一般跳到第四个或第五个高度时，会接近自己最高纪录或者要冲击新的纪录，身体机能系统能够发挥最大效能，运动员的技术往往会更加精确和协调，运动员要抓住这一时机，集中精力去冲击新的高度。

三、明确比赛目标，做好充分准备

有的运动员在赛前准备活动兴奋不起来，在试跳时感觉四肢无力，针对这些情况，运动员要及时调整比赛状态，仔细分析具体情况：是天气不佳，场地不适应，观众人数较少，比赛氛围不够，还是对手水平不高或过高，抑或是自己对比赛期望过高，紧张到四肢无力，担心比赛失误等等。运动员要尽可能克服心理压力，把注意力放在技术动作上，关注每一跳，要克服客观环境因素的影响，以免影响自己的发挥。运动员必须积极适应比赛环境，明确比赛目的。教练员要仔细观察运动员，在比赛当下以正面的鼓励语言激励运动员积极参加比赛。

运动员在赛前要做好准备活动，体力不好的运动员也要正常做准备活动。可以在准备活动中选择一些技巧性高的动作，如短距离持竿快速助跑，逐步提高中枢神经系统的兴奋性，克服身体机能活动的生理惰性，从而达到良好的赛前状态。有时运动员在赛前兴奋度低或体力不好，其实是一种消极的心理暗示，并非真实的情况。有经验的教练员都是根据比赛日程安排赛前训练的，运动员要相信教练员的计划与安排，对自己的身体状态和竞技水平要有自信。

有的运动员在赛后总结到，准备活动时感觉自己状态较好，心理兴奋，必定能够创造优异成绩，结果比赛时技术发挥与心理状态不一致，没能发挥自己预期的高水平。也许比赛的乐趣就在于此，场上瞬息变化，自我感觉有时候是有一定误差的，还得通过最后的比赛得以检验。因此，积极做好赛前准备活动对发挥正常水平、提高比赛成绩是非常重要的。

四、比赛中免跳的运用

免跳经常出现在国内的一般比赛中，尤其是运动水平较高的运动员经常采用免跳，他们为了打破纪录选择相对较高的起跳高度，在顺利跳过接近自己最高成绩15～20厘米的高度之后，可以集中精力冲击新的纪录。

在撑竿跳高比赛中，免跳除了能节省体力以外，还是很好的战术手段。比赛规则规定，在成绩相等的情况下评定名次时，首先要看在最后跳过的高度上试跳的次数，然后看全赛中试跳失败的次数，次数最少的运动员名次列前。因此，有经验的运动员在遇到势均力敌的对手时，常常用"免跳"来作为战胜对手的一种战术，尤其是在关键高度的名次争夺中，往往运用此战术来制胜。例如，在一个大赛选拔赛上，有S、Q两名运动员争夺一个大赛的参赛名额，S运动员在过去的比赛中最好成绩是4.40米，Q运动员在过去比赛中最好成绩是4.30米。在4.30米这个高度上，S运动员第一次就越过了，Q运动员在这个高度上两次都失败了。在这个争夺名次的比赛中，对于Q运动员来说最好是第一次就能跳成功，如果他是第三次越过4.30米这个高度，那么依据失败次数，他的名词也排在S运动员之后。Q运动员在思考后，果断决定把最后一次免跳机会放到下一个4.40米的高度上，集中精力进行冲击。这一高度对于Q运动员来说越过就算突破，对S运动员来说也是接近自己最佳水平的高度，此时4.40米是这场比赛的关键高度。Q运动员处于劣势，但是这也激发了Q运动员挑战自己和冲击最好成绩的动力。在4.40米的高度上，Q运动员在S运动员前面起跳，为了战胜对手和挑战自己，Q运动员毅然提高握竿高度10厘米，微调了助跑距离，在坚定的信念下成功越过4.40米高度，挑战成功。随后起跳的S运动员在4.40米高度上第一次试跳失败，第二次失败，第三次才越过4.40米的高度。这时先前占优势的S运动员在4.40米的高度之后名次排在Q运动员之后。下一个高度是4.50米，这个高度对二人来说都是未曾超越过的高度。在4.50米的高度上二人三次试跳中均失败。最后Q运动员以第一次越过4.40米的高度取得最后的胜利。

通过上述比赛可以看到，运动员要在比赛中要超越自己、战胜对手，除了要有拼搏精神外，还要分析赛场形势的变化，在短时间内快速找到战胜对手的关键因素和制胜点,并在遇到实力相当的对手时灵活采用战术。Q运动员运用免跳战术转败为胜就是一个很好的例证。

第四节　撑竿跳高比赛裁判的主要职责

撑竿跳高比赛不同于其他田径项目,比赛器材设备比较复杂,对裁判的要求也很高。裁判的职责是为所有参赛运动员提供安全、整洁的比赛环境,避免因自己裁判失误和误判而引发争议,不能影响运动员的发挥和比赛的顺利进行(图8-3)。

图8-3　撑竿跳高比赛现场

一、了解撑竿跳高裁判规则

在比赛时，运动员会按照当天的比赛时间，依据自己的习惯安排准备活动的时间和节奏，并根据自己的状态选择起跳高度。因此，裁判员在比赛前要了解撑竿跳高的裁判规则，尤其是对失败的判罚规定，这一规则比其他跳跃项目的规则更复杂一些。

二、检查比赛设施情况

裁判要仔细检查撑竿跳高比赛场地的布置情况，包括比赛场地、器材、设备等的完善情况，运动员下落区域的安全情况等等。裁判员必须了解撑竿跳高项目的专项技术特征与要求，从而提高自己的专业度，保证成绩判定公平、公正。裁判员要在自己的岗位上严格按照裁判规则为运动员提供服务，这样才能为运动员创造更好的比赛环境，有利于运动员发挥水平（图8-4）。

裁判员要特别注意检查比赛中所用的器材设备，如架距等，这直接关系到运动员技术的发挥。根据规则，运动员可要求向落地区方向移动横杆，将离运动员最近的横杆边缘移动至从插斗前壁顶端内沿到落地区方向80厘米范围内的任一位置。如果运动员要求改变横杆的移动距离（架距），应及时通知裁判员作记录。此外，还要检查场地上标识是否清楚。需要注意的是，场地上要画一条宽10毫米的颜色鲜明的线（零线），该线与插斗前壁顶端的内沿齐平，与助跑道的中轴线垂直。

图8-4　撑竿跳高比赛场地

三、裁判要注意的细节

（一）准备充分，提供较多的练习时间

运动员进入比赛场地后，如果裁判员还在穴斗附近丈量或者检查设备，调试仪器，就会占用练习跑道，影响运动员试跳的时间。多数撑竿跳高运动员是短程起跳一次，中程距离起跳一次，全程起跳一次，逐渐过渡。运动员一般都应该有2～3次试跳机会，如果裁判员缺乏对撑竿跳高运动员赛前准备节奏的了解，只提供1次试跳机会，就会对运动员比赛中的发挥产生不良影响。

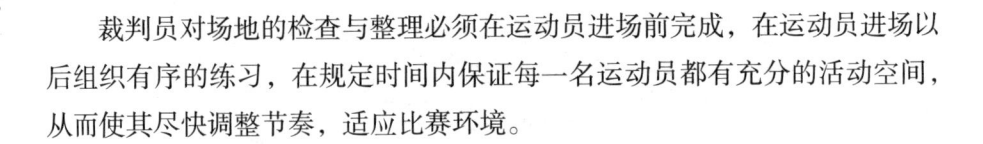

裁判员对场地的检查与整理必须在运动员进场前完成，在运动员进场以后组织有序的练习，在规定时间内保证每一名运动员都有充分的活动空间，从而使其尽快调整节奏，适应比赛环境。

（二）提供适宜的试跳高度

在撑竿跳高正式比赛前会设置两个试跳高度，一个较高的，一个较低的。以中国女子撑竿跳高比赛为例，目前国内女子撑竿跳高运动员在同一场比赛中的水平差距很大，有初级水平的参赛运动员，也有多次参加奥运会的高水平运动员。初次参加比赛的运动员最好成绩可能就3.60米左右，高水平运动员的成绩可能在4.60米以上。如果设置4.00米和3.60米两个试跳高度，这对于初级和高级水平的运动员来说都不是最理想的试跳高度。无论是什么水平的运动员，都希望试跳高度设置在自己最高水平往下两至三个高度的位置。为了与国际接轨，低水平运动员要面对比自己最高成绩还高的试跳高度，这容易给初级运动员或者水平较低的运动员造成心理压力。

因此，裁判员可以在裁判会议中应根据运动员的报名成绩提供适合的试跳高度，合理的试跳高度有利于运动员发挥自己的水平。

图8-5　撑竿跳高比赛场地显示　　图8-6　撑竿跳高电子架距控制台

（三）保证架距调节的准确性、对应性

架距的调节对撑竿跳高运动员的比赛成绩有重要的影响。有时裁判员会忘记调试运动员事先登记的架距，导致运动员过竿失败，这在曾经是有真实案例的。

即使运动员因裁判的失误获得了重跳机会，也会影响接下来的发挥。因此，在撑竿跳高比赛中，裁判员必须保证架距与运动员是对应的，这裁判员的重要职责之一。

（四）电子仪器故障应急办法

目前，全国专业赛事都采用电子显示器和电子架距移动仪，依靠接线电源来进行控制和操作，具有方便、快捷的优势（图8-5、图8-6）。但是，也可能因线路或者操作不当引发故障，拖延比赛时间，这对运动员来说是很耗体力的，同时对准备试跳的热身时间也是有影响的。因此，在比赛中采用电子设备时，要提前做好故障应急方案，以免耽误比赛进度。

参考文献

[1]王英杰.撑竿跳高[M].北京：中国青年出版社，1953.

[2]胡祖荣.撑竿跳高[M].北京：人民体育出版社，1984.

[3]中国田径协会.田径竞赛规则（2018-2019）[M].北京：人民体育出版社，2018.

[4]田径运动教程编写组.田径运动教程[M].北京：北京体育大学出版社，2013.

[5]国家体育总局青少年体育司，中国田径协会.中国青少年田径大纲执法指导[M].北京：人民体育出版社，2021.

[6]李铁录.田径裁判法图解[M].北京：北京体育大学出版社，2002.

[7]孙文新.现代体能训练 实心球和绳带球训练方法[M].北京：北京体育大学出版社，2013.

[8]王宝林，马元康.三级跳远训练法[M].北京：人民体育出版社，1981.

[9]张力为.体育科学研究方法[M].北京：高等教育出版社，2002.

[10]周铁民.对优秀撑竿跳高运动员制胜因素的研究[M].北京：北京体育大学出版社，2017.

[11]莱斯利·卡米若夫.瑜伽解剖学[M].王启荣，刘晔，译.北京：人民体育出版社，2009.

[12]谢亚龙，王汝英.中国优势竞技项目制胜规律[M].北京：人民体育出版社，1992.

[13]王万培.女子撑竿跳高运动员的选材和训练[J].安徽体育科技,1999（3）:1-4.

[14]高健.对撑竿跳高项目性质特征的再认识[J].田径杂志,2003（12）:12-13.

[15]秦霞.中国女子撑竿跳高运动的开展现状及国际竞争态势[D].北京:北京体育大学,2008.

[16]全国体育院校教材委员会.运动训练学[M].北京:人民体育出版社,2000.

[17]霍缅科夫.田径教练员教科书[M].赵春方,译.北京:北京体育大学出版社,1981.

[18]张英波,周志雄,赵洪波.动作学习与控制[M].北京:北京体育大学出版社,2003.

[19]冯树勇.合理安排 以赛促练[J].中国体育教练员,1999（2）:5-7+47.

[20]罗超毅.对我国田径运动改革与发展的战略思考（上）[J].田径杂志,2003（5）:1-4.

[21]扬桦.竞技体育与奥运备战重要问题的研究[M].北京:北京体育大学出版社,2006.

[22]陈及治.体育统计[M].北京:人民体育出版社,2002.

后 记

  从事教育工作以来，一直想要撰写一本撑竿跳高的著作。最终在家人的鼓励和帮助下，本书得以完成。从开始准备资料之初，家人便帮我收集全世界与撑竿跳高相关的资料，侄子许子涵帮助我翻译英文参考书籍，儿子为本书训练章节绘制图片。在写作过程中，遇到技术难题时，写不通顺时，感到疲劳写不下去时，都是家人在一旁默默陪伴，做好后勤工作，为我的写作创造最佳环境。家人们用行动支持我的工作，帮我实现愿望，感谢家人的帮助和支持！

  本书中关于撑竿跳高的技术图片，来自安徽队撑竿跳高老前辈王万培教练。他以专业的拍摄技术，提供了世界优秀撑竿跳高运动员在上海钻石联赛上的高清技术图片，让我们更加直观地捕捉世界优秀运动员的精彩瞬间。王万培教练向我分享了世界知名教练（布勃卡的教练）的指导经验，讲述了中国女子撑竿跳高的发展背景，并分享了女子撑竿跳高的成功经验和撑竿跳高训练的核心手段。感谢老前辈对本书的大力支持！

  男子撑竿跳高的泰斗级人物——山东熊杰教练也对我提供了很大的帮助。在1个小时的采访中，我感受到了老前辈对我国撑竿跳高项目未来发展的担忧，也看到了我国撑竿跳高运动员与国外优秀运动员的技术差异。熊杰教练向我分享了他教学以来的训练经验，并对国外举办的针对性撑竿跳高专项赛事，以及浙江海宁举办的撑竿跳高后备人才集训活动给予肯定。熊杰教练还表达了对我国撑竿跳高运动员更换竿子方面的担忧，指出我国运动员在这方面还不够勇敢，缺乏自信心！

除了以上两位老前辈外，我还在2024年全国室内田径锦标赛（西安站）举办过程中与多位优秀教练员和运动员进行面对面交流，得到了金涛、徐政、陈器、应辉、负先虎等多名优秀教练的大力支持。他们专门预留了时间，我们以座谈的形式进行了长达3个小时的讨论，讨论内容对本书的撰写大有裨益。

在技术问题访谈中，浙江队金涛教练、四川队陈器教练分享了技术指导经验，帮我答疑解惑。在他们的启发下，我开拓思路，把训练实践中出现的问题作了记录和整理，结合多位教练的经验，最终以理论描述的方式呈现给大家。

在选拔运动员、身体训练和技术方面，我采访了西安体育学院的徐政教授。他向我详细叙述了他选拔运动员的特点，并在如何训练、解决技术训练问题等方面给了我很多的启发和建设性意见。他讲述了西安体育学院在20世纪90年代开展女子撑竿跳高项目的艰难，当时女子运动员没有撑竿使用，他将横杆套上竿头让队员进行弯竿练习。可见他非常支持国家女子撑竿跳高项目的发展，也体现了他对体育事业的无限热爱和克服一切困难、甘于奉献的体育精神。现场还有山西教练负先虎、江西教练应辉等，他们都做了相关的技术训练讨论和经验分享，让我更加清楚理论与实践结合的意义所在。

我还以电话访谈的方式采访了孙米娜（辽宁队教练）、周扬（四川队教练），以及国内其他撑竿跳高教练，获得了同仁的大力支持。他们宝贵的一线实践经验为本书的研究提供了丰富的素材，使本书内容更加充实，更具有实践指导意义。

遗憾的是，在我与国外教练交流的过程中，因语言文化差异，不能交流自如，所以没有把国外的先进训练理论和经验带回来。

本书的出版还得到了本人工作单位中国人民大学体育部领导、同事的支持。公共管理学院曲卫东博导在本书助跑力学研究中也提供了重要的指导，对此深表感激！